外道まんだら

忘れられた聖と賤の原像を求めて

徳永裕二 著

不知火書房

切り絵　高橋繁行

外道まんだら

忘れられた聖と賤の原像を求めて

徳永 裕二 著

本書を謹んで竹内健師の霊前に捧げる

外道信仰について

のっけから「外道信仰」などという表現で恐縮であるが、竹内健が主宰した古代信仰研究会（以下、古信研と略す）では「信仰史学」というよりソフィストケイトされた表現を使っていた。しかし元来、竹内が創案した核はあくまで「外道信仰」であったというのが私の受け止め方である。

竹内が見出した信仰史学上の数多くの公理に、私の思考が骨絡みになっていることは承知しているつもりである。竹内の思想はそんなものではないとの批判も甘受する。これから述べることはあくまで私自身が理会した限りでの竹内の信仰史学を、私が外道信仰学として再構成したものである。

信仰史学・外道信仰学が史論である限りは、それを「歴史学」の中にどう位置付けるかが、私にとって年来の課題であった。その試行錯誤の過程で出会ったのが室伏志畔の幻想史学であった。広大な裾野を持ち、分厚い知識の集積の上に立つ「歴史学」という学問分野の中で、もはや忘れ去られてしまった「外道信仰」を明らかにするには「幻想史学」の手法を用いるよりほかはなかった。

外道信仰学を幻想史学に架橋することは、かつて聖なる徒として「外道信仰」に殉じながら、卑賤の民として扱われ蔑まれてきた人々の存在を、今日的な学問研究の対象として甦らせることになると、思料した次第である。

さて「外道信仰」とは何か。端的に言えば、「自己犠牲」のことである。しかし今日、これを社会的な文脈で理解してもらうことは甚だ困難であり、かつ誤解をさえ招きかねない言葉である。一般的に「犠牲」とは、これまでの歴史的・社会的諸関係においては、他者から強いられたものという色彩を濃くもって受け止められるからである。まして「自己犠牲」という主張は共同体の上部構造（宗教等）からの個人への操作であり、まっぴら御免というのが疑似民主化した社会の通念であろう。そういう中で「自己犠牲」こそが人倫の最高の規範であるなぞといえば、権力の走狗と指弾されるのが戦後この方のご時世というものであろう。

誤解なきようお願いしたいのは、私はなにも時代錯誤な道徳論を云々しようとしているのではない。戦時下の「滅私奉公」で散々な眼にあった民草にとって私的生活の優先こそが戦後精神のバックボーンとなったことは、多くの識者が指摘するところである。「公より私」、そして「豊かな生活」への希求こそが民衆のエネルギーとなって高度経済成長を実現してきた。それを私は仮に「自然感情」と呼んできた。

しかし市民社会における「個」の確立なくして「私」を優先することは、ただ自分さえ良ければという「ミーイズム」（利己主義）に堕ちていくことは見易い道理である。高度経済成長の終焉後、かれこれ四十年にもなろうかとしている今日でさえ、自然や他者を犠牲にしてでもさらなる成長をめざそうという新自由主義的な発想が権力者は勿論のこと、民衆の中にも深く浸透している。そうした中で、「自己犠牲」こそが人倫の最高の規範であるといえば、体制・権力にとっては恰好の援軍と受け取られよう。

が、「産めよ、増やせよ」の戦時スローガンから戦後の「豊かな生活」への希求という「自然感情」は、人間の奥底深くに秘められてきた感情であるとはいえ、それは何ら「自然」的なるものではなく、人為的な感情である。さらに言えば、それこそが「優生（顕性）思想」の発現そのものでなくてなんであろう。外道の本質が「自己犠牲」にあるという時、うっかりすれば社会文脈上、「優生（顕性）思想」を是認しているかの如き印象を与えかねないことから、「誤解を招きかねない言葉である」旨を記した。

一般的に「外道」とは人の道を外れた無頼者を指す言葉であるが、本来は最も人間的なる者の意であり、それこそ「外（ソト、蘇塗、禁足地）」である聖なる道を歩む者のことを言うのである。みずからその道を歩む者は、その先にこそ真の共生の道が続いていることを信じるものである。

「外道信仰」なるものを理解してもらうには多くの困難が付き纏うが、今日の非人間的な優生思想とは真逆の真摯な考えであることを、「かつて確かに存在し、これからもあり続ける」と、本書に収載する論考において提示していきたい、と思っている。

なお「外道」「自己犠牲」と声高に唱える愚は、私としても承知しているつもりである。学問に感傷的な私情を持ち込むことは禁物であるが、敢えて私の二十代半ばの習作ノート「夢情」の中から、主人公の一人である加藤宗子の言葉を借りて「外道信仰学」の序とすることを寛恕願いたい。

「わが身を捨てて、他人のために生きる」。それを傲慢といわれるでしょうか。どうして「自分のために」、あるいは「相手と共に生きる」と素直に言わないのかと、いぶかしく思われるでしょうか。でも、自らの内に虚無を見てしまった者にとって、生の直接性に素直になることはできない。いや、それ故にこそ、自らを他者の前に放下することにおいて、他者と架橋することに賭けねばならないのではないでしょうか。

もっとも、「自己犠牲」という言葉を口にした時、いえ「自己犠牲」について意識した途端、その人は汚れてしまっている。そのことに気付かないわけではありません。そうです。「捨てる心も捨てよ」などと、こむつかしい言葉を費やさずとも、例えば川で溺れている人を発見した当人が、自分が泳げないのも忘れて、なんとか助けようと、思わず自分が川に飛び込んでしまう、というように、真の自己犠牲は理屈以前になされてしまっているということ。あるいは我が子が誤って火の中に手を入れ、火傷をするのをみた母親が、まるで自分が火傷をしたかのように痛みを覚え、自らの手を火中に入れて子供を救おうとするように、世の親たちが我が子のために無意識のうちにおこなっていることです。

ただ人間は、（自己）犠牲を意識化できる生き物であるという業を既に背負わされてしまっている。その絶対矛盾的自己同一性を「献身」という放擲によって、絶対肯定的自他同一性を取り戻すこと。「献身」。人間の、人間たる由縁は、ぎりぎりのところ、そこにしかないでしょう。そのような献身を献身とも思わぬ人の在り様こそが尊いのですし、そうした人こそが本当に信じられるものです。そこへ、少しでも私たちは近づかねばならない……と思うのです。

◎外道まんだら——忘れられた聖と賤の原像を求めて／目次

外道まんだら
——忘れられた聖と賤の原像を求めて

◎第一章

蜻蛉考

1　『和漢三才図会』

寺島良安『和漢三才図会』（正徳二年脱稿）巻五十二「蜻蛉」の項には見出しの「蜻蛉」の字の右側には変体仮名で「やんま」「とんばう」とルビが振られ、左側にカタカナで「ツインリン」と漢音のルビが振られている。見出しの下方には「蜻虰《せいてい》」「蜻蜓《せいてい》」「虰蛵《ていけい》」「負労《ふろう》」「蟌《そう》」「諸乗《しょじょう》」「紗羊《さよう》」「蜻蜓《せいてい》」の八つの漢語が並び、最後に「和名加介呂布《かげろふ》」が記されている。

以下、本文に入って蜻蛉の特徴等についての記載があり、「神武紀」と「雄略紀」に蜻蜓ないし蜻蛉が登場する説話の要約が記されている。

「蜻蛉」をルビでは「やんま」「とんばう」と

（出典：和漢三才図会）

記し、和名として「かげろふ」のこととし、「日本紀」の説話では「秋津《アキヅ》」となっていることを紹介する『和漢三才図会』の記述は、初見者には困惑を与えそうである。

寺島良安もそのことを意識してか、和歌に詠まれる「かげろふ」は「遊絲《いとゆう》」あるいは「陽焔」のことで、当項で説明の対象としている「蜻蛉」や「蜉蝣」とは別物、方向ちがいであることを念押ししている。

本文にもあるように、「神武紀」と「雄略紀」の説話では蜻蛉を「秋津（アキヅ）」と訓じており、これは現代の言葉では「トンボ」の意である。つまり「アキヅ」はその古訓である。ところで平安時代の辞書の一つである『新撰字鏡』では「蛃」のことを「阿支豆」と訓じていることから、一般的には羽のある虫（昆虫）の総称として「アキヅ」と呼んだように解される。

さて「神武紀」三十一年条を見てみると、天皇が腋上の嗛間丘に登って初めて国見（古信研用語で「回帽儀礼」）をして、感激して思わず「あなにや、国を獲つること。内木綿の眞迮き国と雖も、蜻蛉の臀呫の如くにあるかな」と口にしたことから、この国を「秋津洲」と呼ぶようになったという話である。細長い狭い土地ではあるが、たわわに実った稲穂の上を交尾したトンボが飛び交うような稲作盆地を獲得した感慨を表現したように思える。

次に「雄略紀」四年条秋八月では、天皇が吉野で狩猟した際、天皇の腕にくいついた虻を、飛んできた蜻蛉《あきづ》がくわえて持ち去って天皇を守った。それを嘉《よみ》して、その地を「阿岐豆野」と謂うようになったとの地名説話を記す。ここでは「天皇の腕←虻←蜻蛉」の順で咋う話になっており、つまり、ここでは蜻蛉が噛み咋うものとしては上位に位置している。事実、アキヅの大きな特徴はその強い顎で（空中の）虫類を捕食することで、古信研用語では「歯神」としている。

2　アキヅとアギトと歯神

ここで「歯神」という、読者にとっては耳慣れない古信研の用語について簡単に説明しておこう。古代においては共同体の生産（生殖と出産）の維持・発展を図るために共同体の長《おさ》自らが犠牲となることが前提とされていた。具体的には長が自らのリンガを切断する（古信研用語で「抜箭」）ことで共同体の安寧を願ったのである。

その際、リンガを切られたのは男であり、切ったのは女であった。つまり古信研の公理の一つとして、「切る女」と「切られる男」は対の関係にあり、この「切る女」の機能を「歯神」の語で表す。

＊歯神については、本章「補記2　嚼神と大日孁貴」および第七章「外道の源流」の「補記4　歯神について」を参照。

それは植物栽培における「摘花（果）」や、動物飼育における「去勢」の経験を通して古代人が感得した信仰の在り様である。これが後世には頽落して、共同体の長（天皇を含む）自らの自発的な犠牲としてではなく、他者（被征服者）への強制となっておこなわれることになる。

ところで「アキヅ」（蜻蛉）と「アギト」（顎《あご》の古名）の音韻を比較してみると、第一音（ア）は同音、第二音（キとギ）は清音と濁音、第三音（ヅとト）はタ行の音便変化とみられよう。このように、「アキヅ」（蜻蛉）と「アギト」（顎）は元は一つで、もの（リンガ）を喰い切る「歯神」を表象する言葉なのである。

因みに、東條操編『全国方言辞典』では「あご」は奄美大島で姉、少女の意、としている。私見では、「あご」は「吾児」からきた言葉であろうから、本来は男の子、女の子、のいずれであってもいいようなものであるが、奄美大島では女の子の意であるとしているのは信仰の古代性の残滓であろう。

ここで唐突ではあるが、仏語で ma-demoiselle（マドモアゼル）といえば誰しも「お嬢さん」のことと答えよう。が、小さな仏和辞書でも訳語として、それに続いて「(おはぐろ)とんぼ」の意、とあることを付記しておく。

3　蜻蛉の古語と方言

少し横道に外れたが、「蜻蛉」の本題に戻ろう。近世以前の辞書『東雅』などからみて、現在でいう「トンボ」は古代には「アキヅ」、中世からは「カゲロフ」と呼ばれ、近世以降には「トンバウ」となったようである。

これを佐藤亮一監修『お国ことばを知る　方言の地図帳』を元にその分布をみると、柳田國男の方言周圏論の考えがほぼ当て嵌まるように思われる(小泉保『縄文語の発見』(1997)でも同主旨の内容で詳述している)。つまり近畿から中部・関東地方までの列島中央部では「トンボ」が大半を占め、東北北部(青森県、秋田・岩手両県の北部)で「ダンブリ」(同語については後述)、東北南部(秋田・岩手両県の南部、宮城・山形県と福島県の一部)で「アケズ」、九州の西北部(佐賀・長崎・熊本県及び福岡県の一部)に「エンバ」「へンバ」がある。もとより『お国ことばを知る　方言の地図帳』の分布は大雑把なものであり、先の東條操編『全国方言辞典』では何故か「アケズ」が大分県にもある。

近世以前の辞書から再び拾ってみると、『東雅』に「ヤエハ」（私見では「八重歯」）、『物類称呼』に「しやうれう（精霊）やんま」、『重修本草綱目啓蒙』に「カ子ツケジョロウ」、「カ子ツケトンボウ」（加州）、「オハグロトンボ」（土州）、「チゴク（地獄）アケズ」（琉球）などがある。

ここに奇しくも「カネツケトンボウ」（加州）、「オハグロトンボ」（土州）を見出したが、このことは我が国の古語と先の仏語「 ma-demoiselle 」の含意するものとが通底していることを示している。というのも、我が国では女子の成年の儀式の一つに「涅歯」（鐵漿付け）をしたが、その「カネを造るときは男子をして、壺に対して陰茎を見せしめ、人によりては、男根の形状を紙に書いて張る。かうすると、カネが能く出ると信じてゐる」と、中山太郎が「女子元服考」（人類学雑誌198号）の中で拾っているからである。これから推察されることは、古代信仰において未婚の成女にはリンガを切る女、の意を含意されていたことで、このことから歯神としての「トンボ」にも擬せられていたのである。

4 「囓神」としての開口水門神

摂津一の宮・住吉大社では年間七十五度の行事があるが、旧暦六月晦日には大祓の行事が行われていた（『摂津名所図会』）。現在は七月三十日の宵宮祭に始まり、三十一日に例大祭、同日夕刻に夏越の大祓、そして翌八月一日に堺市の宿院頓宮に神幸し、飯匙堀で荒和大祓を行う（『式内社調査報告』）。

『摂津名所図会』「住吉大神社、六月晦日、大祓」の項の冒頭に「神輿開口に神幸す、開口とは堺の宿院なり、俗に御旅所といふ」とある。大要は、まず神輿を担ぐ輩が住吉松原の海辺で潮垢離《しおごり》を浴した後、多くの社人らが神輿に供奉し堺の御旅所に到り、神を宿院の假宮に遷し祝詞を誦す。夜に入って神輿を住吉に還幸するのである。

住吉大社の大祓の神輿が御旅所（宿院の假宮）とした地は古来、「開口《あぐち》宿院」「住吉外宮」「住吉奥院」とも呼ばれてきたことから、延喜式内社の「開口神社」も同所を指すとみられる。

ところで現在の開口神社の祭神であるが、由緒を記したパンフレットには住吉神に因む「塩土老翁神」をはじめ境内神社を含めると多くの神名が並び、どれが本来の神であるのか判断に迷うところである。が、平安初期から伝わるとされる『住吉大社神代記』に「六月御解除　開口水門姫《あきぐちみなとひめ》神社　在和泉監」とあり、先のパンフレットにも「開口水門姫神社として港を護る役割を持つ神様」とあることから、開口水門姫が開口神社の祭神であることが分かる。

これは『古事記』上巻の国生み・神話に記載される「次に水戸神、名は速秋津日子神、次に妹速秋津比売神を生みき」とある速秋津比売神のことであろう。

果たして、黄泉の国の醜女に追われたイザナギが、投げ棄つる御冠に成れる神の名が「飽咋之宇斯能神《あきぐいのうし》」(『記』)、同じく投げたまふた褌から生まれたのが「開囓神《あきぐい》」(『紀』)で、「飽咋之宇斯能神」も「開囓神」も「歯神」の象徴表現である。

それでは「飽咋之宇斯能神」あるいは「開囓神」が、なぜ水戸神とされるかであるが、延喜式・祝詞「六月晦大祓」には次のように記載されている。すなわち、この列島において犯された諸々の罪は河川を下って水門から流れ出たところで「速開つひめといふ神、持ちかか呑みてむ」。つまり、速開つひめが大口を開けて諸々の罪を飲み、次に気吹戸主神が根の国、底の国に吹き放ち、最後に速さすらひめが(1)「持ちさすらひて失ひてむ」とある。

そこまで徹底して罪を祓うという、この祝詞「六月晦大祓」に記された決意が如何なる深層心理に根ざしているかといえば、古代の権力者が自らが犯した罪の大きさに戦き忘れたがっているということ、そのトラウマを物語るものであろう。

ともあれ「六月晦大祓」は、内裏では百官総出でのお祓いをおこない(2)、権力側の精神面での代理執行機関である神社では罪障からの除災を夏の行事として定例化し、民間にも普及・定着していった。梅雨明けに伴う病原菌の繁殖、疫病の発生を未然に防止しようという経験知も後世には働いたといえようが、信仰においても権力によるマインドコントロールが強力であったかを物語っている。

（註1）「速さすらひめ」とは『日本書紀』景行天皇十二年の条、並びに『豊後風土記』速見郡の条に出てくる女酋「速津媛」の帰順説話に関わるものであり、現在の大分県北海部郡佐賀関町の神崎《こうざき》に比定すべきところであろうと筆者は考える。佐賀関半島の目の前が記紀の神武東征にいう「速吸之門」（豊予海峡）で、潮が渦巻く中でありとあらゆる罪を「持ちさすらひて失ひてむ」る役割こそが古代巫女に託されていたものだからである。因みに同地には大型前方後円墳があり、二基の箱式石棺のうち北棺に女性一体、南棺に女性一体を含む三体が葬られている。

（註2）このお祓いについては天つ罪と国つ罪に大別して論じている識者も、その解釈にはいささか混乱と混同があるようにみられる。つまり、これらの諸々の罪は農耕・牧畜に関わるものであるとともに、共同体の維持を図るための禁忌に関わるものでもあり、それらは南船系（海士）によってもたらされた稲作農耕と、北馬系（高神）によってもたらされた牧畜飼育に関わるものだからである。

5 「高津鳥災」と抜箭外道巫女

ここで外道信仰学の見地から、延喜式・祝詞「六月晦大祓」にみえる「高津鳥災《たかつとりのわざはひ》」について述べておく。これは高神系の禁忌ではあるにしても、通釈にいうような「鳥害」のことではない。再び奇異な解釈と受け止められることを怖れるが、「高津鳥災」とは北馬系の「抜箭巫女」による咒物（まじもの）のことである。なんとなれば同じく延喜式・祝詞「大殿祭《おほとのほかひ》」では「天の血垂《ちた》り飛ぶ鳥の 禍《わざはひ》なく」と言っているではないか。

先の「歯神」の項でも少し触れたが、リンガを「切る女」はまた「鳥」にも擬せられる。

いわゆる「飛ぶ鳥」の「明日香」である。

一般的に「飛鳥は明日香の枕詞」とわかったかのように解せられているが、どの地に比定されるかはともかく、飛鳥・明日香の地は前記の抜箭巫女が居住していた地なのである。何となれば「高津鳥」が血垂るのは抜箭したリンガを銜えて飛ぶのだから。

邪馬台国の女王・卑弥呼の出自が北馬系朝鮮の卑弥国であり、鬼道に仕えて衆の尊崇を集めたのも、まだ抜箭巫女の観念が生きていたからである。俾弥呼《ひみか》（卑弥呼の正式名）の「呼」が傷の意であるとしたのは古田武彦の卓見であるが、古田はその根拠・出典を明らかにしていない。白川静によると「呼」の古体字は「罅」であり、カ音として「欠ける」、コ音として正しく「傷、隙間、裂ける」の意から解したものであろう。

それはともかくとして、この場合に供物として捧げられるものは動物ではなく、人間の抜箭リンガであると理会するには、外道信仰に対する認識が不可欠である。因みに『設文解字』では「俾」は「裨」に通じ、「接ぎ益すなり」とあり、「補い、添える」の意、とする。つまり「犠牲」というのは動物や他者のことではなく、自らのことなのである。卑弥呼が神が喜ぶ贄として甕の中に補い、添えた祭肉は、ほかでもない刻まれたリンガのことであることを付言しておきたい。

後世、それが頽落したのが儒教における「釋奠《せきてん》」である。

さらに「鳥」についていえば、そのようなトーテムとして形骸化したのが、朝鮮の「鳥竿《ソッテ》」であり、日本の「鳥居」である。まだ半信半疑の読者には次の万葉歌を贈ろう。巻第十六、長忌寸意吉麿《なかのいみきおきまろ》が歌八首のうち、白鷺の木を啄《く》ひて飛ぶを詠む歌

池神の力士舞かも白鷺の桙《ほこ》啄ひ持ちて飛びわたるらむ

同歌については、中世の舞人による注釈書『教訓抄』（天福元年＝１２３３）巻第四で、この力士舞を「マラフリ」としていることからも明らかであろう。

さらに伊勢・伊雑宮をはじめ各地に伝わる鳥による稲穂落としの伝承も、その痕跡である。ともあれ、これらの抜箭巫女および鳥に纏わる伝承の起点は、印度外道のウルカ仙（米斎仙）にまで遡及すると幻視できよう。

6　水田稲作を守護するトンボ

トンボにまつわる事柄はさまざまあるが、ここでは仏事や祖霊信仰に関する伝承をいくつか紹介しよう。

『沖縄の人形芝居』の「ママウヤ・ニンブッ（継親念仏）」では、継母から虐待を受けた子供が、あの世の七つの門が開く七月棚機の十日に実母に会えると老爺にしらされる。その時、実母は蜻蛉に姿を変えてやってくる。

『壱岐島民俗誌』では、盆の仏様は「精霊ネンバ」という蜻蛉に乗ってやってくる。

『民間信仰史の研究』では、京都府中郡あたりで七月一日を「トンボ朔日」というが、この日には地獄の釜の蓋があいて赤蜻蛉がこの世に出てくる日と考えられた。中国地方でも赤蜻蛉を「盆トンボ」といい、これを捕えると盆が来ない。喜界島では「ブンエーダー」即ち「盆蜻蛉」に先祖が乗ってやってくる。

以上に示した事例は、はじめに紹介した蜻蛉に関わる近世以前の辞書や、現在の方言と微妙に関わるものであることが感得されよう。例えば、『和漢三才図会』「蜻蛉」の下部に記載された「諸乗」の語は、盆に祖霊が帰ってくる時の乗物として見られたことなど。

これらトンボに関わる伝承の背後には、盆行事や祖霊信仰に関わる前から稲作の豊凶予兆に因むものが存したと思量される。つまり、水田稲作栽培において、田植え時には水中のぼうふら等をトンボの水生昆虫（ヤゴ）が捕食したり、稲の開花から稔りの時期においてはトンボが空中で蚊等を捕食する生態を観察してきた弥生の稲作民にとって、トンボは稲の大事な守護神であるとの認識があったとしても不思議ではない。

このように、稲穂の上をトンボが飛び交う時期がちょうど仏事の盂蘭盆（ウランバーナ、到懸祭）に重なったことや、我が国の初秋の魂祭りである祖霊信仰と重層的に習合化したに過ぎず、トンボに関わる伝承は、歯神を本質とするトンボが稲の稔りをもたらすことを祈ることからきている、と見るべきであろう。

ところで『和漢三才図会』「蜻蛉」の項には奇妙な一文がある。読み下すと

博物志に所謂、五月五日　蜻蛉の頭を戸の内に埋めば青珠に化すべし、と。未だ知らず、然るや否や。

江戸期の著作ともなれば、そうした怪異は素直には首肯できないという合理的精神から疑問符の形で文を閉じているが、古文献である『博物志』で蜻蛉に関してそうした記述のあることだけは拾ってくれている。

これは何を意味するのか。煩雑な考証抜きで手短に述べると、かつて中華文明圏においては、銅剣・銅矛・銅戈・銅鐸・銅鏡より以前の宝器として「玉」があった。共同体の長の権威の象徴として磨かれた大きな玉、あるいは玉を貫き通して作られた首飾りが高貴な人の地位を表す装身具であったというのが通釈であろう。しかし外道信仰的見地からみるならば

「玉」とは抜箭睾丸の象徴であって、抜箭巫女としての卑弥呼や壹与が「青珠」を好んだのは当然のことである。

これら宝器としての玉が、後にglass beads（ガラス玉）へと変容した際にも玉の本質は維持され、「蜻蛉玉」の名として残ることになった。つまり蜻蛉の特徴は頭が大きくて丸く、かつ大きくて丸い複眼を持つことで、その一方では硬い顎を持つ歯神でもあることから、「抜箭玉」のダブルイメージから名づけられたものである。あたかもインドのカーリー女神の髑髏の首飾りのように。下品な冗談を言っているのではない。『塵添壒囊鈔』（天文元年）では不男のことを「愛」（本章「補記1」を参照）と言っているではないか。あるいは『爾雅　釋言』に「薆は隠るるなり」とあるように、失くしたもの（睾丸［抜箭］）を哀惜するのが「愛」であり、「不男」である。現代語でも、惜しいと思うものを手放すことを「割愛する」というのが言葉の正しい使い方である。

また『肥前国風土記』彼杵郡の条には、土俗の巫女「速来津姫《はやきつひめ》」（「速開つひめ」を連想させる）が登場する。彼女がいうには、「妾《あ》が弟《おと》……美《うるは》しき玉有《も》たり。愛《うつく》しみて固く蔵《かく》し、他《ひと》に示《み》せ肯《あ》へず」。速来津姫はさらに「篦簗《のやな》」という人も「美しき玉有たり。愛しみすること極みなし。定めて命《みこと》に服《したが》ふことなけむ」という。風土記は此の国を「具足玉《そなひだま》の国」、つまり「抜箭玉を供える（巫女の）国」と仄めかしている。

7　銅鐸に描かれたトンボ

佐原真著『祭りのカネ銅鐸』（1996年）によると「銅鐸は、これまでおよそ四三〇個みつかっています。そのうち、絵のある銅鐸は五〇個ほどです」と記し、土器絵画に比べて著しく少ない。が、銅鐸を宝器とみた場合、そこに描かれた絵模様はより神聖性を帯びていると考えられる。あるいは銅鐸製作者は土器製作者に比べて限られていることから、銅鐸製作者に特有の精神性を反映したものかもしれない、と筆者は考える。

ともあれ限られた銅鐸絵画に特徴的なのは、土器絵画とともに鹿が多く、次いで長頸・長脚の鳥であるサギ類（あるいはツル）である。また土器絵画には多い建物や船は稀れである一方、巫女、脱穀する二人、向き合って闘う二人、イノシシ、カエル、イモリ、カニ、カマキリ、トンボ、の絵は土器には皆無である（『豊饒をもたらす響き　銅鐸』（2011年）中の春成秀爾「銅鐸絵画の世界」による）。

これらの事柄は何を意味しているのか。その多くは水田稲作に関連するものであると、今はまだありふれた通俗的解釈にとどまらざるをえないことに忸怩たる思いであるが、銅鐸にトンボ（アキヅ）が描かれてあることについては本論考を通じて述べてきたトンボの特性が、水田稲作民にとって守護霊ともいうべき役割を担ってきたことを端的に表象するものであることを確認するものである。

そして、これを幻想史学に繋ぐならば、中国・江南から水田稲作技術を携えてきた南船系の民人たちが、北馬系大陸戦闘集団によって抑え込まれ、やがて律令体制の形成へと向かう過程で長らく被収奪民としての歴史を歩むことになる、そのルサンチマンのレガシーとして銅鐸は地中に埋蔵される他なかった。もちろん埋められたのは水田稲作民の生活・文化にとどまらず、それに先立つ照葉樹林帯での焼畑移動民や縄文の狩猟・採集民、さらには列島に流れ着いた海民や奥地へと分け入った山民等の生活・文化など数多の民草の存在の記憶も含まれていたことを忘れてはなるまい。

補記1 「愛」について

第一章「蜻蛉考」で少し述べたが、舌足らずの感が否めないので改めて補足する。白川静は『字統』の中で「愛」を金石文で「」とし、「後ろを顧みて立つ人の形である旡と、心との会意字。後ろに心を残しながら立ち去ろうとする人の姿を写したものであろう」としている。これだけでも「抜箭」「抜丸」を含意することが推量できよう。

が、ことはなにも東洋の漢字に限ったことではなく、例えば欧州諸語にもその痕跡を見出すことができよう。例えば、英単語の love は lose（失う、死ぬ）に通じるのであり、テニスゲームの用語で love は得点「零」の意で使われている。

同様に仏語の愛は amour（a + mour［死］）、ラテン語の愛は amor（a + mor［死］）。ここで「a」は「anti」（否定の接頭辞）。というように愛の語は「喪失による永遠性」と同義語なのである。

ついでに仏教八部衆の一つである阿修羅はサンスクリット語及びパーリ語 asura の漢語訳

で、上記の「愛」同様に「a ＋ sura 」（非神）、もしくは「a ＋ sura 」（無酒）の造成語である。この場合、「無酒」とは「無・精液」と同意であることも付け加えておこう。

補記2　嚼神《くひがみ》と大日霎貴

『日本書紀』神代上、第五段本文に「是に、共に日の神を生みまつります。大日霎貴と號す。一書に云はく、天照大神といふ。（後略）」とあるが、「蜻蛉考」の文脈で付言しておくと、「歯神」の別言として「嚼神《くひがみ》」がある。

例えば菅江真澄が『筆のまにまに』の「久比乃美夜」の項で、「「陸奥国駒形山古縁起」云、神宝山　嚼宮（中略）或合祭大日霎尊謂之　嚼大明神小宮猶在」を拾っている。つまり太陽巫女である大日霎貴は嚼神であり、「切る女」の例証である。

なお、先に採り上げた『方言の地図帳』で、東北地方北部（青森県、秋田・岩手両県の北部）ではトンボを「ダンブリ」と呼んでいる。そこには「ダンブリ長者」なる口碑・昔話が残存しているだけでなく、『奥浄瑠璃』中の作品に「檀毘尼長者本地」あるいは「田山村長者本地」という奥州鹿北郡の大日堂の由来を説く物語がある（筋立ては略）。

これに因む秋田県鹿角市小豆沢の大日堂は、大日霎貴神社として現在に名をとどめる。

補記3　「女」等に関わる欧州諸語

本論で仏語 ma-demoiselle（マドモアゼル）については既に述べたが、英語表記でみると、先の仏語の demoiselle は英語で damsel と同意であり、故に damsel-fly も「とんぼ」の意、なのである。また同系語に maiden がある。意味は「処女」で先と同意であるが、これをスコットランド地方では「断頭台」の意、ともしている。

さらに ma-dam は「婦人（既婚・未婚を問わず）」の意であり、様々なシチュエイションで使用されるが、訳語の中には「売春宿の女将」の意、もある。

またイタリア語の ma-donna は周知のように「聖母」の意、であるが、これはラテン語の domina（女主人）からきており、同じくラテン語の dominus（主、イエス・キリスト）は、そこからの派生語である。

つまりバッハオーフェンではないが、人類の太古において狩猟・採集経済社会から農耕・牧畜の定住生活化への過程で一時期、「大地母神」に代表される母権制が優位を占める社会が存在したことの反映が、これらの諸語に含意されている、と見なされるのである。

それが徐々に父権制が優位となっていく社会構造の中で、dominate（支配する）などの表現・語彙が、男性目線からの言葉へと転換していったことをおさえておくべきだろう。

ただし、信仰の古代性を保守した言葉も、まだ失われてはいない。唐突に受け取られるかもしれないが、dominoという語の訳語は「最終的行為」である。これが「抜箭」を意味していると見るのは妄想であろうか（筆者の舌足らずの説明で、読者にその判断の正否を求めるのは性急に過ぎるということは承知しているつもりである。外道信仰学総体についての知見が明らかになった段階で、判断をいただければ幸いである）。

J・J・バッハオーフェン『母権論――古代世界の女性支配に関する研究』については、現代に入って「母権制という神話」を創造したとの批判（『女の歴史』所収のステラ・ジョルグディ、の指摘）等も提出されているが、議論が拡散するのでここでは立ち入らない。が、幻想史学の文脈からすればバッハオーフェンの仕事は古代神話の歴史への奪回の試みであると、解することができる。

エーリッヒ・ノイマンは『意識の起源史』や『グレート・マザー』で、個体における意識の生成・成長が社会集合体の意識の歴史性の反映を内在化していること、換言すれば社会集合体の意識が歴史的に累層化していく過程が、個人の心的現象においても内包されていることを指摘している。あたかも三木成夫『胎児の世界』において、胎児の成長が魚類から両生類、爬虫類、哺乳類へと生物の歴史的変化を内在化していることと相即するかのように。

補記4　原初的発語としての「M行音」

前項で取り上げた仏語 ma-demoiselle について辞書の中には my young lady の意、とするものがあるが、この場合の ma を my（つまり一人称主語の所有格）と解しているのはいただけない。何故なら外道信仰学から見た「世界言（音）素論」としては、仏語 ma-demoiselle、英語 ma-dam、イタリア語 ma-donna 等の「ma」は、母親を意味するラテン語 mater と同系語である英語 mother、ドイツ語 mutter 等と同様「M行音」として女性接頭冠詞的な表現だからである。これはラテン語 mater から派生した materia（和訳「物質」）が、世界的な地母神神話として母なる大地から生み出された語彙であることを踏まえてのことである。

言語学には素人の筆者であるが、乳児が初めて発する声音は、母親の母乳を吸うためという生物的欲求から発する「唇」音であろう（発声器官としてみれば鼻、舌、喉よりも唇が先）。つまり子音としては「唇音」としての「M音」であり、母親の乳首を吸う唇の形は母音で言えば「U音」（円唇母音）となろう（所謂「おちょぼ口」）。以上からして乳児から発せられる声音は「mumu」（日本語では「ウマウマ」に当たる）となるのではなかろうか。そこから幼児語の「マンマ」が派生し、さらに大人も現在使う「うまい（美味い）」という語彙が、人間の生命維持にとって根源的な活動に淵源する母性語である、とみるのは上手すぎる解釈であろうか?!

なお豊田忠義は、吉本隆明「南島論」の総体構造を要領よくまとめている。そのうち、吉本『南島論序説』（一九八八年十二月の講演、『文藝』一九八九年春季号掲載）で言及された「M系言語」に触れている。

すなわち《「女という言葉が特別な言葉」になっている地域として、八重山では「ミディウ（ム）」、能登半島の小部分では「メロウ」、アイヌ語では「メノコ」「メッチ」「マチ」である。「小野小町」の「マチ」は「女を意味する」。これらはすべて「M系言語」である。これに対し、九州・四国・中国・近畿・東北は「オナゴ」、関東・中部地方は標準語と同じ「オンナ」で、すべて「O系言語」である。この分布パターンはウイルス言語やGm遺伝子言語のパターンととてもよく似ている。つまり地域的な方言の空間分布は、ただ単なる地域性を意味しているのではなくて、北海道アイヌや「南島の基層の深さと……日本国の基盤の浅さ」の分岐を確定し、「M系言語」が世界普遍性としてあった人類史の母胎・基層にまで時代を遡ることができるものを保有している、ということができる》としている。

あるいは田中勝也は『東アジア古伝承と日本原住民』の中で、国号や王姓や「天」等を

「M行音」とする民族としてチベット、羌、楚、宕昌、白狼、西夏、南詔、濮《ボク》、鳥蒙《ロロ》、モンをあげる。

すなわち、①中国・明朝は雲南省麗江のモン族の王族に「木＝mu」の姓を与えた。②これは南詔の「蒙」姓を襲った可能性もあるが、彼等は天を「ma」と呼んだ。③周代記録にもあらわれる濮《ボク》という民族はロロの一派と考えられ、元朝は濮王に「猛＝mong」の姓を与えた。④チベット系民族は人を意味する語を「ma」とする。⑤羌族も人を意味する語を「me」とする。⑥またチベット語系の「mi」（人）を語根とするならば、チベット・ビルマ語族、ナガ群の諸語にみられる「人」を表す語、「timi」「tam-mi」、チベット・ギアルン族の「tir-mi」と同様、日本語に「tami」（民）があることを指摘している。

また、これらに『史記』越王勾践世家に記す勾践の先祖に当たる少康の庶子で会稽に遣られた「無余」や、『史記』東越伝に記す越王勾践の子孫で閩越王を称した「無諸」を加えてよい。

以上のことから「M行音」は吉本隆明『母型論』の「母—乳（胎）児」内コミュニケイションによるまでもなく、人類にとって原初的な発語を表徴するものである。

補記5　「シマ」について

「大倭豊秋津島」（古事記）、「大日本豊秋津洲」（日本書紀）と号された「島」あるいは「洲」に比定された地が、所謂「島嶼」部（island）でないことを訝る向きもあるかもしれないので一言しておこう。

書紀では「洲」（河川のデルタ地帯を指す）とあることからも窺えるように、「シマ」とは本来的に海水や河川等の水に囲まれた聖域・結界を指す言葉であるが、漸次、小範囲の地域を含意するようになった。

その語源は、パーリ語の「simā」（結界、の意）に由来する。

現代でもヤクザ用語で「シマ」と言えば「縄張り」の意であるように、古代インド語の一部は任侠の世界に残っている。

補記6　習合化《シンクレチズム》について

ここで一つ付言しておきたいのは、民俗学でいう「習合化（シンクレチズム）」についてである。

民俗学では先住民により信奉されていた習俗や仕来たり・信仰・文化等と、新たに進出してきた今来の集団の文化等が漸次、融合化・一体化するに至る——そのことを「習合化」という便利な用語で説明する。これは「syncretism」の訳語であるが、「syncretism」とは「synchro」+「ism」の合成語で、語義的には「共時化・同時化」の意である。

ただ、このような「習合化」なる便利な用語は、本来の習俗・思想等の先後関係を曖昧にするものである。つまり一旦、習合化した後は、それらの習俗等は両義的・多義的な意味合いを抱え込むことになる。見方によっては、その曖昧化こそが「習合化」に相応しいともいえるが、室伏志畔が「南船北馬」説で王権の先後関係（権力の変遷）の過程を明らかにしようと悪戦苦闘しているように、王権の先後関係を踏まえた上で下部構造と上部構造の捩れを明らかにするものでなければならない。

第一章「蜻蛉考」においても、南船系の稲作豊祝信仰と北馬系の抜箭・歯神信仰とが混融することになる。これは歴史的・実在的にみれば、大陸・江南からの移動民が南船系倭人として韓半島南部や九州にかけて集住した後、大陸・北方からの北馬系狩猟戦闘集団によってグラフト化された結果である。

◎第二章

氷蔵信仰から見た「神道」

1　はじめに

列島内に先住した人々が縄文時代から弥生時代にかけて南洋諸島や大陸南方、大陸北方、韓半島などから渡来していたことは今日、遺伝学や考古学の知見から自明とされている。当然、それぞれが多様な習俗、信仰等を持ち込んでおり、この列島は謂わば東アジアの吹き溜まりに位置している興味深い地域なのである。

ここでは所謂「神道」を、外道信仰の氷蔵信仰的側面に引き寄せて考察を試みてみたい。

2　神籬《ひもろぎ》

経済の発展にともなって居住の集住が進むと、集団の組織化とともに共同体の長による統合化に際して当初は呪術宗教的に共同幻想が編成されていく。

私見では、神道のルーツは南船系のアニミズム信仰に被さる形で入り込んだ韓半島経由の北馬系信仰が支配的思潮となったものであると考える。ここではそのメルクマールとして「神籬《ひもろぎ》」を指摘したい。

「神籬」は古文献上では、『日本書紀』に三カ所、『古語拾遺』に二カ所、記述されている。ここではこのうち『日本書紀』の三箇所について紹介する（岩波・日本古典文学大系本の読み下し）。

①「神代下　第九段・一書第二」に「（前略）高皇産霊尊、因りて勅して曰はく、「吾は天津神籬及び天津磐境を起し樹てて、當に吾孫の為に齋ひ奉らむ。汝、天兒屋命・太玉命は、天津神籬を持ちて、葦原中國に降りて、亦吾孫の為に齋ひ奉れ」とのたまふ」。

②「崇神紀」六年の条に「是より先に、天照大神・倭大國魂、二つの神を、天皇の大殿の内に並祭る。然して其の神の勢を畏りて、共に住みたまふに安からず。故、天照大神を以ては、豊鍬入姫命に託けまつりて、倭の笠縫邑に祭る。仍りて磯堅城の神籬（神籬、此をば比莽呂岐と云ふ。）を立つ」。

③「垂仁紀」三年の条春三月に、新羅王子・天日槍の伝承を記し、「将て来る物」として「熊神籬一具」など七物を挙げている。

このうち③の「熊神籬」については、朝鮮語の「コム」（聖なるもの）としての美称説や熊神信仰に関わる説、神供の獣肉とする説などがあるようだが、要は同じことを言っているに過ぎない。

また②の「天津神籬」について岡谷公二は柳田國男が『氏神と氏子』の中で榊みこしを神籬としているのを曳いて「これに類するものだったのではあるまいか？」と記しているが（『神社の起源と古代朝鮮』）、いかにも表層的な解釈である。

というのも、「神籬」の原義は「抜箭リンガを氷室に貯蔵した処」、つまり聖域としての「氷室の城（柵）」のことをいうのであって、折口信夫が「神供の獣肉とする」としている説が多少迫っているものの、まだ本質からは遠い。

いずれにせよ、古文献（『日本書紀』、『古語拾遺』）上の記述も既に原義から脱色されて本質から遠ざかっていることは否めない。

では「神籬」の実体は何かと問われれば、本来的には「氷漬けされた切られたる男根（抜箭リンガ）」そのものであり、後世には「男根状に加工された木製等のオブジェ」を祀ったもの、と幻視するよりほかはない。それでも『古語拾遺』の「御歳神」の項には「祟り払い」として牛の宍を男茎形に作ることが記されたり、現在でもアラハバキ社をはじめ男根柱がご神体になっている祠等が数多くある。急いで付け加えるなら伊勢神宮の「心御柱」もまた同義である。

つまり「神籬」こそが、山や森などの自然信仰から人格神への移行に伴う神道における「ご神体」の根源・ルーツなのである。

なお「神籬」を古田武彦に倣って言素学的に分解すれば、「ヒ（氷）」「ムロ（室）」（ムロについては後世、漢語及び仏教的知識から「無漏」を含意）「キ（木、柵、城）」の意、となろう。

「木」がリンガの表象を含意していることは世界樹（ユグドラシル）やメイポール、朝鮮の「鳥竿（ソッテ）」に関連して、同じく朝鮮の「長栍《チャンスン》」（天下大将軍・地下女将軍）など世界共通である。そして『金枝篇』の「ヤドリギ」が寓意していることこそ「グラフト国家」の本源的表象でもある。

因みに「長性」に関連して述べておけば、鳥竿を「ソッテ」と呼ぶのは、『三国志・魏書』東夷伝の韓条に出てくる蘇塗（ソト）の記事と同様、アジール（聖域）を示す言葉だからである。ソト・ソッテは倭国・対馬の「卒土」を経て津軽の「率土浜」等に追いやられるとともに、かつての聖なる禁足地が王権から忌避・排除され、「外」という日常語に示されるような倒立した表現として定着をみている。

（註1）本来「聖なる地」を意味した「ソト」であったが、新来の渡来集団によって排除された結果、鄙の地へ追いやられることになった。『東日流外三郡誌』を持ち出すまでもなく、本州最北端・津軽の「外ヶ浜（率土浜）」など、各地に遺存する「ソト」の地名はそうした文脈で理解すべきである。

加えて謡曲『善知鳥』に殺生を生業としてきた猟師が地獄に堕ちて罪業を悔いる場面があるが、その出自が「陸奥外の浜」とされるのは、猟師がかつての聖域から追われた民であるとともに、罪障の穢れ人であることをダブルミーニングしたものである。

あるいは「蘇塗」とは後述する「胙」「且」（漢音で「ソ」）と「戸」（倭語で「ト」）との重畳語（いずれもリンガの意）とも解される。所謂、「枕詞」とは本来的には今来の渡来語（主に韓半島から）に同意（同義）語の先住民の倭語とを重畳したもので、外来語辞書の機能を有するものであったと私考する。

なお、「ソト」の初見は『詩経』小雅・谷風《こくふう》の什の「北山《ほくざん》」であろう。「溥天之下　莫非王土　率土之濱　莫非王臣（天雲《あまぐも》の向伏《むかぶ》すかぎり　大君のしきます國ぞ　濱づたふ地果つるかぎり　大君にまつらふ民ぞ）（後略）」（訳文は白川静）

そこでは「率土」は「大地の果てる所まですべての土地」を指す意で用いられたようである。

3　氷室《ひむろ》

日本における氷室の初見記事は『日本書紀』仁徳六十二年の条に見える。記紀の系譜では仁徳と兄弟とされる額田大中彦皇子が闘鶏に狩りをした時に氷室を発見、氷室の管理者である闘鶏稲置大山主から説明を受けたことになっている。

通釈では、この闘鶏の地を大和国都祁に比定しているが、幻想史学では倭国内と見るべきであろう。果たして『豊後国風土記』（逸文）に「豊後国速見ノ郡ニ温泉アマタアリ。其の中ニ一所ニ四ノ湯アリ。（中略）ソノユノヤマノ東面ニ自然ノ氷室アリ。（後略）」とする記述がある。

氷室が温泉の近くにあることを奇異に感ずる読者もいるだろうが、氷室が本来、抜箭したリンガを貯蔵する場所であったとするなら、切られたる男が傷口を治療する方法の一つに温泉を利用することがあったことは理に適うことである。戦国時代の武将が刀傷を癒すのに隠れ湯を利用した伝承が現在に至るも多く残されていることは、その証左となろう。群馬県の草津温泉でも「氷室の節句祭」がおこなわれている。

こじつけめいて受け止められるかもしれないが、仁徳紀六十二年の条には氷を保管するに当たって「敦《あつ》く茅荻《ちすすき》を敷きて」とあるが、確か大和国の都祁氷室に比定される福住町の都祁氷室神社前の池を「血雪ぎ池」と呼んでいたかと記憶する。

さらに、前述の氷室の管理者である闘鶏稲置大山主の祖は、神武と正妃との長子・神八井耳尊で、長子であるが故に神巫として氷室守の役を負ってきたことが伝承の背景にあることを見逃してはなるまい。

「氷室と抜箭リンガ」などと言い出すと妄想と受け止められるか嘲笑を浴びるのがオチであろう。その証拠を示せと言われても「長い年月の間には氷が溶け、海綿状の皮膚組織も朽ちて現存しない。したがって遺物としての証拠はない」と答えざるを得ない。それでも状況証拠なら残っている。

思考停止に陥るなら、いっそのことインド・ヒンドゥー教の聖地、アマルナート洞窟内に聳え立つ「氷のリンガ」でも拝んでからにしてもらいたい。

なお「評郡」論争に関わって一つ付言しておく。大宝元年（７０１）を画期として、倭国の評制から日本国の郡制へと明確に国家の断絶・権力交代が示される一方で、外道信仰という幻想基盤は共有していたともいえる。つまり「評（漢音でpieng、倭音でヒョウ）」といい、「郡（倭訓でコホリ）」といえば、いずれも「氷」の音訓（漢音でbing、倭音でヒョウ、倭訓で古保利）に通音する。こじつけと受け取られることを承知でいえば、いずれも所在地が氷蔵信仰によって祀られた地と幻視できるのではないか。それこそがグラフト国家論の由縁でもある。

4　月と賤民と王

神道が古代朝鮮（特に新羅・伽耶系）からもたらされたとする見解は識者の一部から発さ

れているところであるが、特に外道信仰学でいう氷蔵信仰的側面については前述の天日槍伝承における「熊神籬」によってもうかがえる。

これに関連して新羅の王城の地である慶州の「月城」に「石氷庫」が現存することは注目されてよい（『三国史記』によれば西暦５０５年に石氷庫を作らせたとあり、１７４１年に現在地に移築された）。なお「月城」は「半月城・新月城」とも呼ばれ、月の満ち欠けを含意しているが、この「欠け」は「抜箭」を暗喩している。

管見の限りでは、「氷室」の初見は中国歴代王朝の正史・二十四史で魏収編纂の『魏書』（北魏の正史）の高祖孝文帝・太和四年条に「八月乙卯。詔諸州置冰室」）と記されている。また干支日は異なるが、李天師・李延寿編纂の『北史』魏本紀三、高祖孝文帝・太和四年条には「八月乙酉。詔諸州置氷室」とある。孝文帝の太和四年は西暦４８０年に当たる。『三国史記』新羅本紀、智證麻立干六年には「冬十一月、はじめて役人に命じて氷を保存させ」とある。この石氷庫を作らせた智證麻立干六年を西暦５０５年とするのは、『三国史記』新羅本紀の第一代・始祖の赫居世居西干の即位を前漢・孝宣帝の五鳳元年甲子年（５０５）に比定しているためで、それ以外の確たる根拠があるわけではない。

が、氷室の設置を古代信仰のメルクマールの一つとみるならば、北魏の氷室設置記事（４８０）と新羅の氷室設置記事（５０５）との間に何らかの繋がりを表したものかもしれない。

なお北魏・孝文帝には「千年凍凌」（円仁『入唐求法巡礼行記』）のある中国・五台山の文殊信仰にコミットした伝承もあり、氷蔵信仰と仏教の習合化が伺える。この「千年凍凌」については、『広清涼伝』四台霊跡条では「千年氷窟」、『清涼山志』では「万年氷」と記されることから、五台山が氷蔵信仰の地であることが判る。

もちろん北魏・孝文帝が太和四年に氷室を設置したとする記事以前から、北方・氷蔵信仰が存したとみることは可能である。因みに『漢書』恵帝紀の「（四年＝BC191）秋七月乙亥、未央宮の凌室、災あり」の記事にある「凌室」は「氷室」のことであり、「未央宮」は前漢・高祖の宮室として、高祖八年（BC197）に造営された。

あるいは『古清涼伝』等には「北斉*の太和初年、第三王子が阿育王塔の前で自ら焼身供養した。その王子に仕えていた宦官の劉謙之は天子に奏して自ら入山修行した結果、本来の男子に立ち返った」と復根説話を記していることも、氷蔵信仰が外道に関わるものとして興味深い（日比野丈夫・小野勝年『五台山』を参照）。

*北斉は北魏の間違い。北魏・孝文帝の関連事績については、近刊『不実考』第四章「「木と林」について」を参照。

あるいは三国志時代の魏が景初二年（238）に邪馬一国の卑弥呼に「親魏倭王」の称号を与えるより九年前の太和三年（229）に、大月氏国王に「親魏大月氏王」の称号を与えている（因みに『三国志・魏書』で魏王が「親魏〇〇王」の称号を与えたと記すのは、この二国だけである）。倭国・卑弥呼と同時代の「大月氏国」はインドのクシャーナ朝であるが、その国名に中国が「月」の字を使用したことについては諸説ある。因みにクシャーナ朝の英語表記「kushan」は梵語の「kṣanada」に拠るとみられるが、同語は「月」の意である。

なおクシャーナ朝が月をシンボルとしていたことと、釈適之『金壺字考』（宋代）に「月氏……月音肉。支如字。亦作氏。」とあることから「大月氏（大月支）は大肉氏（大肉支）の誤写である」とする中国・張西曼の主張（1947年）とは、共に同義と考える（小谷仲男『大月氏』を参照）。

何故なら①漢字の部首である「肉《にくづき》」と「月」を扁が同じとするのは単なる近代的解釈なのであって、元はわずかに字体を異にした。すなわち「月」の古体字は「月」なのである。このことは外道信仰学的見地から踏み込んで言うならば、「月」とはリンガを三片に刻んだ状態を示す字形だからである。②月（ngiuat）と肉（njiuk）とは通音するとともに、③月と肉とは同じ象形文字「」でもあり、④先にも触れたが、「月」は『設文解字』では「闕くるなり。太陰の精なり。象形」とあること。⑤さらに「月」（ゲツ）「欠」（ケツ）「闕」（ケツ）は通音・通意する。「闕」は『説文解字』では「門観なり」とするが、本義は天子の宮門（出入口であることから「欠」の意）で抜箭を暗喩する。

ここで古代（北部）インドの代表的王朝について、簡単に見ておくことにしよう。

①バラモン教の聖典「ヴェーダ」では、月神のことをcandra（チャンドラ）としていること。

②チャンドラグプタ（在位ＢＣ３１７～２９８年頃）が、マガダ国を拠点にマウリヤ朝（ＢＣ２２２～ＡＤ１８５）を興隆した。

③クジュラ・カドフィセス（在位?～ＡＤ８０年）によって、クシャーナ朝（?～ＡＤ３７５年）を創設した。中国側では、このクシャーナ朝を大月氏国とする。

④チャンドラグプタ一世（在位３１９～３３５年）が、グプタ朝（３２０～６００年）を興隆した。ただし、このチャンドラグプタ一世はマウリヤ朝を興隆させたチャンドラグプタと血縁関係はなく、かつてのマウリヤ朝のマガダ地方を基盤としていたことに因むとされる。またチャンドラグプタ二世（在位３７６～４１５年頃）の時に、北インドを統一し全盛期を迎えている。

これら王朝の変遷は、武力を担保とした国家掌握の結果であろうが、いずれも「月」に関わる人名・国名を有していることは、各王朝の信仰背景が共有、もしくは前提とされていることの反映ではないだろうか。

つまり「月」の本質が「抜箭」を暗喩しており、かつては自己犠牲を理想とする共同体への信仰が、王権の承認に必要であったことの記憶が背景にあるのではなかったか。

が、「抜箭」が現世において次第に忌避された結果、candra（チャンドラ）で表象された（外道）信仰が「caṇḍāla」（チャンダーラ）、「旃陀羅（センダラ）」の意へと転落し、各王朝の創始者の出自が不明、あるいは賤民とも伝えられる理由となったものと推察する。

5　釈奠の胙(胙)

釈奠は中国の儒教の行事として取り入れられたようである。日本では『続日本紀』大宝元年（701）二月の条に見えるように、このころ始まったとされる。が、別項の「7　文献と用例」を見てもらえば判るように、中国儒教ではすでに釈奠時の供物が曖昧化している。ところが日本では平安期までは供物が獣肉であることは理解されており、『枕草子』では「あやしき物など土器に盛りて参らす」とボカしてはいるが獣肉がただならぬ物であることを知っているような書きっぷりである。その供物のことを『塵添壒囊抄』は胙とし「ヒホロキ」と訓じていることにもっと留意してもらいたい。

そもそも「胙」という字自体が肉を刻む象形字であり、神が最も喜び好んだ肉は男根をおいてほかにない、というべきであろう。ともあれ神道の神供も儒教の釈奠も、時代が下るにしたがって生臭い抜箭リンガや獣肉から幣《ぬさ》（本来はリンガを刻んだ象徴）へと本質から遠ざかってしまった。

6　かまくら

それでも外道信仰の痕跡は後代にまで残ったといえるだろう。それが「氷室」の擬きとしての「かまくら」である。

現在でも東北・日本海側の秋田県・山形県と新潟県の一部では雪で祠を作った雪洞・雪室に水神を祀り、子供たちが甘酒で訪人をもてなす行事が冬の観光風物詩となっているが、この「かまくら」と鳥追い行事とが習合化して、ほぼワンセットでおこなわれていたようなのである。特に注目されるのがそれぞれの地方でうたわれた「鳥追い歌」である。

・鎌倉の鳥追は頭切て塩付けて、塩俵へうちこんで　（出羽秋田領風俗問状答）

雪室と鳥追い（出典：内田武志・宮本常一編『菅江真澄全集』）

・いちばんにくい鳥は、烏と雀尾羽切り首切り、しほ俵へうち込て流し島へながせよ、ほいほい、と　　（菅江真澄『月の出羽路』）

・新田ぼうの子供ハいじのわるい子供で、雪隠口へわアなかけ、ててのまらふんづぶした（北越月令）

いずれもユニークな歌詞を残しているが、これらはいずれもリンガの抜箭の暗喩である。つまり本来的には「かまくら（雪洞・雪室）」は抜箭したリンガを祀ったところで、原初の氷室、神籬の名残りなのである。

前記の歌詞で「新田（しんでん）」とあるのは「丹田（にいた）」からの転か。だとすれば抜箭したリンガは塩漬けにする前に丹（朱砂）にまぶして一時保存したと考えられる。

というのも、「一入」は「ひとしお」と訓まれる。一般的にこれは副詞として「ひときわ、一層、一段と」の意で用いられるが、『広辞苑』では名詞として「染物を染液に一回ひたすこと。はつしお」の意、があることも挙げている。このことを外道信仰学的に考えるならば、染液は元来、朱であったこと。そこから防腐効果のある朱が保存機能を有する「塩」と同義とされ、「入」を「しお」と呼ぶようになった、と解されよう。

なお雪室を「センドウ」と呼ぶ地もあるが、これは天皇が退位した後の院の住まいを「仙洞」と呼んだことに起因する。『下学集』に「姑射山　指仙洞」とあることによっても明らかである。

7　文献と用例

①『礼記』王制

・釈菜幣を奠するは、先師を礼するなり。

②『礼記』文王世子篇

・凡そ始めて学に立つ者は、必ず先聖先師に釈奠するなり。

③『学令』

・凡そ大学、国学、毎年春秋二仲の月上の丁、先聖先師に釈奠す。

④『続日本紀』大宝元年二月丁巳の条

・釈奠の礼を注する。是に於て始めて見る。

⑤『令義解』

・釈は釈菜也。奠は幣を奠するなり。

⑥『延喜式』大学寮、釈奠の条

・三牲、大鹿、小鹿、豕、各加五臓。

⑦『枕草子』

・釈奠もいかならん、孔子などは掛け奉りてすることなるべし。聡明とて上にも宮にも、あやしき物など土器に盛りて参らす。

⑧『古今著聞集』一の十二　或人の夢に依りて大学寮の廟供に供へざる事

・大学寮の廟供には昔猪鹿をもそなへけるを、或人の夢に尼父のの給はく、「本国にてはすすめしかども、此朝にきたりて後は大神宮来臨禮を同じうす。穢食供すべからず」と有けるによりて、後には供せず成にけるとなん。

⑨『塵添壒囊抄』七の二十一　献胙事

・献胙事、二月也、必ズ釈奠ノ次ノ日アレハ、庚ノ日ニ当レリ。同ク春秋二季ニ侍也。若シ釈奠延レハ、献胙モ同ク中ノ庚ニ延也。胙ヲ献スルトハ、昨日ノ釈奠ノ供具ヲ、大学寮ヨリ、内裏へ奉也。胙ヲハヒホロキトヨム。直礼ノ義也。又二条ノ摂政家ノ御記ニ曰ク。胙ヲハ、神道ニハ神食共書ク。譬ヘハ神供ナントヲ申也ト云々。

⑩『建武年中行事』

・あくる日、釈奠の胙、参らすなり。蔵人一人持ちて、朝餉の前に進む。蔵人又一人御手水の間の方の簀子にて「あれは何ぞのものぞ」と云ふ。蔵人答えて、「ふんやつかさの奉れる、昨日のさくてんの胙と、そ文字[1]を長くいひて、高く捧げ持ちて、簾の中へ入るるなり」。

⑪『伊勢名所図会』巻之四

・御饌の下したるを、ひもろぎ　といふ。

（註1）「そ文字」について『建武年中行事』に記されていることから、文中の「そ文字」

の語は所謂、女房言葉からと考えられる。阿辻哲次『タブーの漢字学』に説明があるように、女房言葉は本来、事柄を露骨にではなく婉曲的に言うために生み出されたものである。その際、一般的には言葉の「冒頭の一字音に文字（もじ）の語音を加える」ことで表現する隠語である。

例えば「い・もじ（烏賊）」「え・もじ（海老）」「か・もじ（髪の毛）」「こ・もじ（鯉）」「す・もじ（寿司）」「ふ・もじ（文）」「ゆ・もじ（湯浴用腰巻）」「わ・もじ（若者）」など……。いずれも冒頭の一字音には和語の訓読みを当てるが、漢字の音読みが使われる場合もある。

さて「そ・もじ」については「そなた」の意で多く用いられたようであるが、ここでは「さくてん（釈奠）の胙」とあるように、胙を「ひほろき」と訓読みするのではなく漢音読みで「そ文字」と言っている。これは「胙」が「あやしき物」（枕草子）であるとすることから女房言葉で婉曲化した表現の名残りとみることができよう。

補記1　熊神信仰について

「熊」をトーテムとする地域を、古代（春秋・戦国時代）中国の楚国や晋国・韓国、及び檀君神話における古朝鮮などに見てきた。

古代日本においては、出雲が注目される。①スサノオと天照大神との誓約の中で生まれた男子のうち、『日本書紀』神代・第六段本文で五男に「熊野櫲樟日命」、同段第三の一書に六男のうち「熊野忍蹈命」亦の名「熊野忍隅命」を記す。②スサノオが意宇郡熊成峯を終焉地としたこと。③出雲の新国造職を任じるに当たって、神火相続の神式は櫛御食野命の鎮座する意宇郡熊野大社であったこと（中世には同郡大庭の神魂神社となるも、その翌年には熊野神社に参向するのが例規であったこと）（『出雲問答』）。④旧小正月に熊野大社で行われる「亀太夫神事」に見られるように、出雲の地主神ともいうべき社・神は熊野大神であったこと——など。

つまり古代中国・朝鮮・日本（とりわけ出雲）に「熊」トーテムが通有していることを指

摘しておく。

この「熊」が「月の輪」熊を指すと仮定するならば、その三日月形状の模様が「抜箭」の暗喩であると外道信仰学的に解することができよう。

◎第三章

河童考

1　はじめに

河童に纏わる伝承は幅広く多彩であり、その分布は東北から九州まで全国に広がっている。当然、河童とは何かを考察した著作も数多い。が、管見の限りでは河童の本質をどれも捉えきれていないうらみがある。河童は「外道信仰」という視点から見た時、初めてその全貌と本質を解し得るというのが筆者の考えである。

以下、河童に関する主要な伝承・属性等を取り上げる中で、「想像上の動物(1)」として妖怪の類におとしめられた河童の本質に迫ってみたい。その際、河童を「歴史的」存在として把握しようという問題意識だけは手放さないで論を進め、河童が幻想史学とどう切り結ぶことができるかについても考究したい。

（註1）『広辞苑』では河童を「（カハッパの約）①想像上の動物。水陸両生、形は四、五歳の子供のようで、顔は虎に似、くちばしはとがり、身に鱗甲あり、毛髪少なく、頭上に凹みがあって、少量の水を容れる。その水のある間は陸上でも力強く、他の動物を水中に引き入れて血を吸う。河郎。河伯《かはく》。河太郎。旅の人。かわっぱ」としている。

2　『長崎名勝図絵』について

文政年間に編纂が企図された『長崎名勝図絵[2]』には、今日まで論及されることのなかった河童伝承に関する記事が収載されている。巻之一、「水神の社」並びに「川立神祠」の項である。まずその概略を紹介しよう（本章末尾に両項の原文とその現代語訳を掲載しているので参照願いたい）。

さて要旨を述べれば、編纂が企画された時点（文政年間）で、水神（罔象女命）が肥前長崎・大窪山下に祀られるに至った経緯を、橘家の系図を曳きながら説明したものである。すなわち、天正年中（1574〜92）に肥前の渋江邑に住したのが（橘）諸兄の後裔を称する橘公村で、自らの住んだ場所に因んで氏を渋江とした。その子孫は後に大村に移り、居ること数代にして、渋江刑部公師とその子・渋江文太夫公姿が長崎に来た。承応元年（1652）に「水神の社」を立てた。また「川立神祠」とは公師・公姿に従ってきた川立を祀ったもの。

その記述にどこまで信を置くかはさておき、今少しその記すところを紹介してみる。

まず「水神の社」の項では「昔、栗隈王（敏達天皇の皇子、難波皇子の男子）が伊予国（現・愛媛県）の統治を命じられて宇和に住んでいた時、その地の水族を支配した。水族は常に栗隈王に仕えた。彼等は数十世の後に至っても服属すると約束した」。

また「水神の社」の項の別伝では「渋江氏の祖は代々大和国春日の辺りに居て、水神に仕えていた。今から二十世の祖に兵部大輔という人がいて、神の教えによって筑紫へ下って来て、肥前の渋江村に住んだ」。「（大村、そして長崎へ来てから）村人が河魅のために多く悩まされ苦しむのを観て、公師・公姿は一家の術をもってその祟りをよく治めた」。

次に「川立神祠」の項では「橘氏の祖、栗隈王に仕えた河童は約束した通り、世々長く仕えて離れなかった。それで彼らを祀って守りとした」。

また別伝では「水神の社が大和国春日の辺りにあって年久しくなった。天平神護（765〜767）のころ、春日の社を造り替える時に、橘島田麿が営作の奉行となり、飛騨の匠が造った木偶を取って猿沢の池に投げ込むと、たちまち水魅と化した。しばしば霊威をあらわしたことから、これを崇めて川立の神と称し、また兵統良神《ひょうすべら》と呼んだ。つまり河太郎のことである。橘兵部大輔が筑紫へ下った時、春日から水神の御璽を捧げ来るのに、川立もまたつき従った」。「川立の神は、この社傍の渓流中に住んで、常に社壇の下に通って守りを怠ることがなかった。故に兵主部《ひょうすべら》等と呼び、社司の祭法を修めて、海・川・淵・江・池・沼すべて水処の護衛を祈ると、これに応えることが多かった」などと記されている。

さて、この水族（河童）を巡る説話・伝承は何を物語っているのであろうか。「栗隈王」とは倭国が百済復興のために唐・新羅と戦って敗れた白村江の戦いから壬申の乱へと向かう過程で天智・天武に絡む人物であることから、いたく想像力をかきたてられるところである。が、ここでは栗隈王を祖とすると主張する橘―渋江一族の足跡を『長崎名勝図絵』収載の橘一族と水族たちの来歴から改めて、辿ってみよう。

時系列で眺めてみると、（敏達天皇の皇子）難波皇子を父とする栗隈王は、橘諸兄の五世の祖（通常の系譜では祖父）で、封を伊予国に受けて宇和に居住していた頃、その地の水族を服せしめた。[3]（「水神の社」の本伝）

渋江氏の祖は、大和国春日の辺りで、代々水神に仕えていた。（「水神の社」の別伝）

天平神護の頃、春日の社を造り替えた時に橘島田麿が営作の奉行となった飛騨の匠が造った木偶を取って猿沢の池に投げ込むと、たちまち水魅と化した。しばしば霊威をあらわしたことから、これを崇めて川立の神と称し、また兵統良神と呼んだ。つまり河太郎のことである。橘兵部大輔が筑紫へ下った時、春日から水神の御璽を捧げ来るのに、川立もまたつき従った。(「川立神祠」の別伝)

天正年中に肥前の渋江邑に住んだのが(橘)諸兄の後裔と称する橘公村で、村の名に因んで渋江氏と称した。(「水神の社」の本伝)

その子孫は後に大村に移り数代居て、渋江刑部公師とその子・渋江文太夫公姿の代に長崎に来た。「水神の社」の別伝)

寛永年中(1624～44)に長崎の大工町に小祠を奉じ、承応元年に炉粕町の古鎮道寺の遺址に「水神の社」を建立した。今(『長崎名勝図絵』執筆時)は大窪山の下にある。(「水神の社」の本伝)

また「川立神祠」は渋江刑部公師・文太夫公姿父子に従って供奉してきた川立を祀ったものである。(「川立神祠」の本伝)

これら『長崎名勝図絵』に収載された橘一族―渋江氏の流転の伝承を正史等の文献とも照らし合わせて整理すると、「敏達天皇―難波親王―(大俣王)―栗隈王―美奴王―(橘)諸兄―奈良麿―島田麿……(橘兵部大輔、筑紫へ下向)……(渋江氏)橘公村……渋江刑部公師―渋江文太夫公姿」となる。ただし『長崎名勝図絵』に記載されている人名は「敏達天皇、難波親王、栗隈王、橘諸兄、島田麿、橘兵部大輔、橘公村、渋江刑部公師、渋江文太夫公姿」である。

（註2）『長崎名勝図絵』は編者・饒田喩義及び野口文龍で、未刊行。文政年間（1818～1830）に脱稿か。本書では活字刊行本『日本名所風俗図会』（角川書店・刊）第十五巻中の『長崎名勝図絵』を参照した。

（註3）『魏志・倭人伝』には「（前略）女王国の東、海を渡る千余里。また国あり、皆倭種なり。また侏儒国あり。その南にあり。人の長、三、四尺。女王を去る四千里。（後略）」と記す。この侏儒国を古田武彦は四国西南端・足摺岬の近辺に比定しているが、栗隈王が従えた「宇和の水族」がのちに「河童」と呼ばれる人々の特徴の一つである「童子」の背丈と一致することは興味深いところである（もちろん河童イクォール侏儒国の人々ではない。侏儒国の種族は、おそらく江南・南越の出自によるものであろう）。なお『山海経』大荒東経に『小人国」の記載があるが、「侏儒国」はこの「小人国」に同定されなくもないであろう。

因みに愛媛県下には数多くの河童伝承が残るが、高知県境の南宇和郡城辺町には次のような「エンコウ皿」の話が伝わる。

慶安・承応の頃（1648～55）、緑村を流れる僧都川にエンコウが住んでいて悪事を繰り返していた。ある日、庄屋の二神十兵衛の妻が、僧都川の淵の側を通りかかると、川で泳いでいた子供が「負ぶって帰ってくれ」といった。気丈で、力持ちだった十兵衛の妻は、こいつは臭いぞと感じたので、後向きに背負い、帯で堅く結んで連れ帰ることにした。途中で、子供は「私は僧都川のエンコウです」と自白し、「今後、決して悪戯はしません。また、二神家の子孫が川で溺れた時には、必ず助けます」と約束したので逃がしてやった。翌朝、二神家の軒先にある木の鈎に川魚が掛けてあり、その下に何枚かの小皿が置かれていた。それ以後、この鈎に、毎日のように、たくさんの魚が掛けられるようになったが、ある日、木の鈎が壊れたので、鹿の角と取り換えたところ、それ以後、魚が掛けられなくなった。それで、エンコウは鹿の角が嫌いだとわかり、それ以後、子供たちが水遊びをする時に、鹿の角を身につけるようになった。エンコウが置いていった小皿は二十枚ばかりで、「エンコウ皿」と呼んで二神家の家宝になっていたが、ある年、家が火災になり紛失したが、幸い一枚だけ残り、今も豊田の某家に伝わっているという。こんなことがあってから、十兵衛の妻は「エンコウ婆さん」といわれるようになった。この婆さんの墓は観音寺裏山の墓地にあり、「延宝三年正月晦日死亡、三鏡妙前大姉」と刻まれている。（以上は管菊太郎著『南宇和郡郷土史雑稿』を基に、和田寛・編『河童伝承大事典』より引用）

3　栗隈王とは何者か？

ここからが筆者の解釈となるが、『長崎名勝図絵』は江戸後期の稿本であり、大和一元史観よろしく「水神の社」並びに「川立神祠」建立の由来を大和国春日辺りから始めているのはやむを得ないことではある。しかしそこに「栗隈王」が登場する以上、経緯はそんなに単純ではない。そもそも「栗隈王」については「隈（くま）」の地名が北部九州に多いことや、父を「難波皇子」としていることからも倭国に由縁があり、北部九州で生まれ育ったことが推察されるのである。

「栗隈王」に関する『日本書紀』の記載を時系列で取り上げると、天智天皇十年六月条に「栗隈王を以て、筑紫率とす」とあるのが初見である。次いで天武天皇元年六月条、つまり壬申の乱前夜に、近江朝・大友皇子が佐伯連男と樟使臣磐手をそれぞれ筑紫と吉備に遣し、りて卒ぬ。「其れ筑紫大宰栗隈王と、吉備国守當摩公廣嶋と、二人、元より大皇弟に隷きまつること有り。疑はくは反くこと有らんか。若し服はぬ色有らば、即ち殺せ」と指示。磐手は吉備国で當摩公廣嶋を殺すが、筑紫に至った佐伯連男に対して栗隈王は「筑紫国は、元より辺賊の難を戍《まも》る。其れ城を峻《たか》くし隍《みぞ》を深くして、海に臨みて守らするは、豈内賊の為ならむや。今命を畏みて軍を発さば、国空しけむ。若し不意之外に、倉卒なる事有らば、頓に社稷傾きなむ。然して後に百たび臣を殺すと雖も、何の益はあらむ。豈敢へて徳を背かむや。輙《たやす》く兵を動さざることは、其れ是の縁なり」と応えて佐伯連男を退けた。

周知のように壬申の乱は物部雄君連等の活躍により天武方の勝利に帰した。天武天皇四年三月条には論功行賞で諸王四位栗隈王が兵政官長に就いた記事がある（この兵政官長就任記事は前出『長崎名勝図絵』の橘兵部大輔の筑紫への下向記事や兵統良神、兵主部等の語彙とリンクする）。同五年六月条に「四位栗隈王、得病して薨せぬ」と記され、『新撰姓氏録』左京皇別「橘朝臣」の項では、栗隈王は従二位を追贈されている。

山崎仁礼男は『蘇我王国論』の中で、この時代の重要ポストである筑紫大宰に栗隈王に次いでの人材が不明であるとし、また天武紀六〜十年の記述から天武天皇による九州仏教の大弾圧があったことを指摘している。

なお、上記の五年六月条の栗隈王薨去の記事に連続して「物部雄君連、忽に病発りて卒ぬ。

天皇、聞しめして大きに驚きたまふ。其の壬申の年に、従車駕て東国に入りて、大き功有るを以て、恩を降して内大紫位を贈ふ。因りて氏上賜ふ」とあるが、これは最終的に藤原不比等の手によってなった『日本書紀』が、壬申の乱における近江朝方への最大の敵対者二人をあっさりと正史から抹殺したことを示している。

以上『日本書紀』の記事をもとに考えてみる。

まず、栗隈王が近江朝から筑紫率に任命されているにもかかわらず、壬申の乱に際して筑紫の地で天武方に就いたことは、王が元は九州王統の臣であったことを伺わせる。

また栗隈王が筑紫率とされ、後に兵政官長とされたことは、『長崎名勝図絵』に記載伝承があるように*、栗隈王は（既に九州王朝の臣として）封を伊予国に受けて宇和に居住していた頃、「水族」を服せしめ、使役していたことを示唆する。『長崎名勝図絵』で語られる「水族」とは俗に「河童」と呼ばれる妖怪あるいは下衆の者の謂いであるが、本来、列島各地に居住した水族は中国・江南〜南越からの移動民で、彼らは良渚文化や河姆渡文化に示されるように長江中・下流域で栄えた数千年の文明を支えてきた人々だった。

したがって彼らが列島に携えてきたのは操船術や水手《かこ》としての労働力だけでなく、後述するが採鉱・冶金、用水・土木、本草・医術、漁労、筏流しなどの多岐にわたる技術と知識だったのである

＊「水神の社」の本伝。

河童（水族）に纏わる職掌のうち本稿に関わる事項としては、水田稲作の死命を制するといっても過言ではない耕地に水を曳く利水工事である。これは土地のわずかな傾斜（高低差）を利用して灌漑用水を田地に流す水路作りである。この利水技術が基となって、古代・中世の築堤土木工事や近世の都市部での上水道技術として発展していく。現今ではＮＨＫテレビの番組『ブラタモリ』でお馴染みの「高低差学会」として認知されつつある。

なお古代中国の利水・築堤土木工事は何も江南に限ったものではない。禹による中国各地の治水工事伝承や、俗に「暴れ大河（黄河）を治める者が天下（中原）を制する」と言われたように、黄河流域の華北から山東を経て渤海に注ぐ地域にかけて治水工事に従事した民草が多くいたであろう。それらの中にも江南からのヒト・技術が入っていた可能性は高いとみられる。

4　栗隈大溝の利水工事

『日本書紀』には「栗隈」に関わっての利水工事の記事が「仁徳紀」と「推古紀」の二箇所に記されている。「仁徳紀」では十二年十月条に「大溝を山背の栗隈縣に掘りて田に潤く」とあり、「推古紀」では十五年是歳冬の条に「山背国に、大溝を栗隈に掘る」とある。岩波大系本の補注では、両栗隈とも『和名抄』の「山城国久世郡栗隈郷」を参考に挙げている。因みに『倭名類聚抄』元和本では、「栗隈」の地名として「山城国久世郡栗隈（久里久末）」と「讃岐国鵜足郡栗隈*（久利久萬）」を載せる。

*同地については「補記6　「栗（くり）」「隈（くま）」地名について」を参照。

ところで室伏志畔の南船北馬史観から見るならば、前掲の二つの記事は、①倭国王統内の利水工事か、②当時、近畿に居住していた出雲から移住した多氏を主とした民、あるいは九州から移住したニギハヤヒの末裔による利水工事か、③天武天皇と物部雄君連らによる大和開朝後の利水工事を、『日本書紀』が先世（仁徳、推古）に遡行させて記述したか、のいずれかになろう。

①の場合であったとすれば、その比定地を明示しなければならない。

ここでは②もしくは③のことと仮定して、『和名抄』の「山城国久世郡栗隈郷」を手掛かりに検証してみる。というのも、同地（現・京都府城陽市）近くには式内社・水主神社（ミヅチ・河童の語源の一つ、折口信夫『河童の話』）に比定される水主神社（祭神はニギハヤヒの命。もっとも同社の元地は城陽市富野の五社ケ谷とも伝えられる）があるからである。

水主神社は木津川沿い右岸にあり、その直ぐ上流右岸が現・綴喜郡井手町で、かつての橘諸兄の別業があったところである。つまり現・京都府南部の木津川右岸は「栗隈・橘ゾーン」とでも呼ぶべき地域で、利水技術に長けた民（水族）を栗隈・橘一族が配下に置いていたと想定できるのである。

私見では③の可能性（書紀編纂時の意図的な時代ずらし）が最も高い。というのも前述したように栗隈王は天智天皇の近江移動後も倭国王統の末裔として筑紫の地に留まり、壬申の乱に際しては筑紫大宰として天智・近江方の圧力にも屈せず、天武方勝利後に天武天皇から論功行賞で兵政官長（今でいう防衛長官に当たろう）に与り、近畿へと移動したことが推察されるからである。そうして栗隈王は自らの配下に置いていた水族をして「栗隈大溝」を築かせたと考えられよう。

さらに筆者が現・京都府南部の木津川右岸を「栗隈・橘ゾーン」[*]とあえて呼ぶのは、次のような理由もある。

*下の淀川水系図の木津川右岸の斜線部。

①敵方が瀬戸内海から淀川を遡上して攻めてくる場合、三川（桂川・宇治川・木津川）が合流する軍事上の要衝地である石清水から近いこと。②その三川の一つである木津川は川幅が広く水深も深いことから、敵の大船がさらに遡上でき、大和北部を伺いうること。③茅渟海（現・大阪湾）から敵方が上陸した場合には、木津川右岸を大和一帯の防衛前線基地に設定しうること。

なお参考までに『日本書紀』には「栗隈」名が、もう三箇所（舒明即位前紀、天智紀七年、天武紀十二年）記載されている。すなわち①「舒明即位前紀」では、推古天皇の病気見舞いに山背大兄王が閤門《うちつみかど》に向《もう》でたのを「栗隈采女黒女」が庭中に迎えて、「大殿に引て入る」とある。②天智紀七年二月条では、天智天皇が「栗隈首徳萬の女・黒媛娘」を迎えて水主皇女を産ませている。その五箇月後の七

淀川水系

月条には前述したように「栗隈王を以て、筑紫宰に拝す」の記事が登場する。③さらに、これも前述した天武天皇五年六月条に、「四位栗隈王、得病して薨せぬ」とあった後、十二年九月条には「栗隈首」を含めて「二十八氏に、姓を賜ひて連と曰ふ」とある。

このうち、「栗隈采女黒女」と「栗隈首徳萬の女・黒媛娘」を同一人物とするには年代が離れていることを含めて、上記三箇所の「栗隈」名の配置には天武天皇と栗隈王との関係の近さを希釈するために、天智系からする後世の割り込み・作為が感じられるのであるが、どうだろうか。

5　大和国春日・三輪山の水族

『長崎名勝図絵』の「水神の社」並びに「川立神祠」の項では、本伝で栗隈王と伊予の水族との関わり（及び肥前国での橘氏後裔の伝承）を記す一方、別伝として肥前国・橘氏の祖が大和国春日での水魅に関わる伝承が挿入されている。

この本伝と別伝とが併記されていることの背景としては、本伝が倭国・九州王統内での栗隈王の事績伝承であり、別伝は（「大宝」建元以降）日本国成立後の大和での伝承であって、図絵編者がこれら本伝と別伝とを無理やり統合しようと、半ば無意識に企図していたことが考えられよう。が、そのことによって却って倭国と日本国の存在が透かして見えることとなっているようでもある。

それはともかくとして、大和国春日辺りには大きな河川はないが、そこは前節［4］で示した京都府南部・木津川右岸の「栗隈・橘」ゾーンのほぼ南に隣接する地域で（淀川水系図の三輪山を含む斜線部）、その南端に大和国三輪山が位置する。

筆者がここで、これら水族の拠点の一つとして三輪山麓の穴師坐兵主神社を措定してみることは飛躍に過ぎようか。

実は穴師坐兵主神社が所在する三輪山麓は採鉱・採鉄の地であり、兵主神社の鎮座地は天日槍（新羅王子）渡来の伝承地でもある。このことから穴師坐兵主神社は「栗隈・橘」ゾーンにおける採鉱・製鉄・兵器生産や、木匠による船の建造などを管理する造兵の拠点であったことが推測されるのである。

「兵主」とは『史記』封禅書に記載される八神の一つで、中国神話に登場する「蚩尤」のことで、戦いと武器の神である。そして何よりも穴師坐兵主神社の神紋が「橘」なのである。

なお、これは中世に移ってからの話であるが、穴師坐兵主神社は穴師郷など八箇村の宮郷が運営に当たり、木津川の一支流である井手川の支配にも関わった。

河童が採鉱・採鉄の民でもあったことについてであるが、鉄器時代に入って処女地に入植した民は、まず河口に堆積した砂金・砂鉄等の採集から始めた。彼らは徐々に川を遡行して川底の砂金・砂鉄の採集を終えると、今度は砂金・砂鉄があると覚しき川岸の芦草類を刈り取り燃やす。というのも芦草類の根粒には褐鉄鉱が含まれているためで、これを鉄源として製鉄化するのが初期の鉱民であった。その川沿いに遡行する異形の民が先住者から「河童」と呼ばれたのであり、謡曲『芦刈』はその民の零落した面影を後世に伝えたものである。

ところで河童伝承の一つに「河童は相撲好き」というのがある。奇しくも大和国三輪山西麓の穴師坐兵主神社の境内には「相撲」に因んだ野身宿禰の小祠がある。そこは『日本書紀』垂仁紀七年七月条にある出雲出自の野身宿禰が當摩蹶速を打ち負した記事に因んでの伝承地でもある。

加えて同三十二年七月条には、皇后・日葉酢媛命の葬儀に関して従来は死者の埋葬とともに生人を殉死させていたのを、野身宿禰が生人の殉死に代えて埴輪を立てることを進言し、以降の天皇の喪葬を司る縁とする記事を載せている。

三輪山の地が早くから出雲に関わりのある土地であるとともに採鉱・採鉄の民（水族）に関係することは、出雲系出自の野身宿禰が登場することや、土物で埴輪を造る作業には採鉱・採鉄の技術・知見が背後にあること。さらには河童の相撲伝承に登場する草人形と、殉死と埴輪の関係は「犠牲」という精神性においては通有するものである、ということが看取できよう。『長崎名勝図絵』中の先に採り上げた別伝に、飛騨の匠が作った木偶が水魅となったと記すのも、そのバリエイションと幻視することができる。因みに奈良県桜井市・三輪山東麓の初瀬川沿いには「出雲」地名があり、そこでは「出雲人形」が土産として有名である。

また三輪山麓には、「出雲庄屋」や「出雲屋敷」の地名が散在する。例えば三輪山麓の北側を流れる纏向川の上流（桜井市新車谷）には出雲家の屋敷跡に「小宮」（現在、経尊寺境内の須佐之男神社に合祀）があった。その社内に「水神社」と「天王社」と書かれた木製鏡台があり、安政二年（1856）の棟札には「水神罔象女命」と「祇園牛頭天王」とある。

あるいは初瀬川源流の都祁高原には川の水を調整する溜池「長谷川四十八井手」や堤「並松の堤」（堤に松を並べて植えることで根が張り、波を防ぐ頼りとする強力な堤であることを含意した命名であろう）があり、出雲建男命に因んだ雄神神社がある（以上は岡本雅享『出雲を原郷とする人たち』を参照）。

6　八代の河童

熊本県八代市は我が国最古の妙見神の渡来地として知られている。地元では妙見町の八代神社は「妙見さん」と呼ばれ、「祭神である妙見神は中国の明州の津から白鳳九年、亀蛇に乗って八代の竹原の津に上陸された」と伝えている。また同市札の辻には「河童渡来の碑」が建てられ、「昔、中国より九千坊とよばれる河童の一族がこの地に上陸したと伝え、日本全国へここから移動し、広がっていった」とある。因みに同碑には河童が上陸した時に叫んだ言葉として「オレオレデーライタ」の語句が刻まれ、「呉人呉人的来多」（呉の人が大勢やってきた、との意）とされている（和田寛・編『河童伝承大事典』より引用）。（補記1及び同註1を参照）

また同県葦北郡田浦町の伝承によると、「八代に上陸した河童・九千坊は球磨川の河口に住んでいたが、後に上流の山中から猿の大群に攻められて四散した」と、河童の移動を語っている。この猿の大群とは、あるいは猿田彦（北馬系ニギハヤヒ）の一団を暗喩したものかもしれない。

一方、福岡県久留米市にある水天宮は安徳天皇、建礼門院、二位尼を祭神としているが、近くの筑後川にはその昔、「九千坊」と呼ばれる河童の総大将がいて人々を困らせていたが、水天宮の祭神に諭され、服従して福をもたらす神使となり、名前も「福太郎」と称えるようになった、との伝承がある。

ところで、『三国志・呉書』三嗣主伝、天紀四年（280）四月戊辰の条に「西晋の大兵力が揚子江を下って呉国の首都・建業に差し迫る中、呉将・陶濬が呉王・孫皓に、わたくしに二万の兵と大型の艦船を貸して下さい。必ず敵軍を叩き潰してみせます」と建言。呉王の承認を得て、「明日、発せんとするに、その夜、衆ことごとく逃げ走る」と記され、武器を満載した二万の呉の大水軍が忽然と消えてしまったことを伝えている。

竹田昌暉はそのことをもって、神武の日本上陸（九州の日向か、畿内の河内）と早とちりしている（『神武は呉からやってきた』）。

ここは平野雅曠や室伏志畔が指摘するように春秋時代の呉王夫差の子・公子忌の「南船渡来」として読み替えるべきかもしれないが、大陸・江南の地からは幾度となく戦火を逃れた人々が黒潮に乗って列島各地に流着したことは確かであろう。

ただし、その具体名については多くは伏されたであろうし、一部王族以外のほとんどの人々は名もなく、中には水族の一種として「河童」と卑称せられた人々も存在したであろう。その痕跡が熊本・八代の河童伝承であり、後年、有明海を経て久留米に達した集団の中に河童の総大将とされる「九千坊」と呼ばれたドンもいたのであろう。

「カッパ」の語源[1]については先学によって、さまざまな語釈・語源についての考察が提起されているが、私見では最も根源的なそれは、『スッタ・ニパータ』第五「彼岸に至る道の章」十一、にある師（ブッダ）と学生「カッパ」との問答で、激流が到来して一面の水浸しにある人々に洲（避難所）、つまりニルヴァーナを説く場面に含意されていると思う。この「カッパ」なる語はインドの伝統医術であるアーユルヴェーダの「トリ・ドーシャ（三体液説）」の「カパ（水）」の中に流入している。

（註1）『奪回　古代研究』二十三号（2017年6月）に拙稿「河童考」を掲載後、編集部宛てに郭安三氏から「台湾アミ族の若者組リーダーを「mama kappah」と呼ぶ」として、「mama kappah」は九千坊の筑後上陸より前段階の河童ではないか、との指摘があった。この郭氏の指摘に沿うならば、古代インドからの水族の南伝経由での台湾・中国江南・列島到達が想定できそうである。

7　南船・北馬が習合化した妙見信仰

前節［6］で妙見神が亀蛇に乗って中国・明州から熊本・八代に渡来したとする伝承を紹介したが、この神は南船系（補記5を参照）の人々によって信仰された神である。船乗り（水族）にとって暗夜の航海で標識となったのが北極星で、妙見（星）とは北極星の謂いに他ならないからである。

ところで、北極星が天球の極北に位置する不動の星であると認識されたのは大陸の民の間でも同じで、中原の王権にとっても妙見神は天帝として崇拝の対象となった。

熊本県八代市　妙見宮

そのためか、山口県下松市の妙見山鷲頭寺には敏達七年（578）青柳浦の松樹に北辰大菩薩が降臨したとの伝承（これが戦国大名・大内氏のルーツとされる）があり、前節［6］の熊本・八代に渡来した妙見神の別伝には「百済の聖明王が妙見信仰を供奉して渡来された」云々とあったり、また『長崎名勝図絵』の「瓊杵山」の項には百済国琳聖太子の渡来伝承があったりと、日本では「南方系」と「北方系」の妙見神／天帝信仰が混合・習合化している。

［参考］『長崎名勝図絵』巻之一、「水神の社」の項および「川立神祠」の項

本稿でいう「原文」とは『日本名所風俗図会　15　九州の巻』（角川書店・昭和五十八年刊）に掲載された文章を指す。未刊行の稿本を活字化するに当たって、朝倉治彦・編集によって、原文表記は読み易いように改められている。

「水神の社」の項（原文）

水神の社は大窪山の下にあり。すなはち潁林邑の内にして、八幡町の管する所なり。聖堂と纔かに一水を隔つ。境地千三十九坪余あり。祭る所罔象女命なり。長崎は素より瀕海の地にして、水徳の神においてその加護を仰ぐこともつとも深しとす。社はもと炉粕町荒神堂の右、古鎮道寺の遺址（鎮道寺の事、北の巻に詳らかなり）の所に在り。承応元年、渋江文太夫公姿の

建つる所なり。公姿、父を刑部公師といふ。寛永中、父子相共に大村より来たりて長崎に客たり。その時大工町の内において小祠を奉ぜりといふ。渋江氏は橘姓にして、善く河海の水崇を治む。

昔、栗隈王（敏達天皇の皇子難波皇子の男なり）封を伊予國に受けて宇和に荘居したまひつる日、その威大いに水族を服して（下に述べる所の川立の神なり）毎に出でて王に事へたてまつる。すなはち約するに数十世の下に至るといへども、その礼を失はじといふを以てす。王はすなはち橘の大祖諸兄公五世の祖なり。天正中、州の渋江邑に橘公村といふ者あり。自ら称す、諸兄公の後なりと。邑によりて氏とし、渋江と称す（あるいは云く、渋江氏の祖代々大和国春日の辺りに在りて、水神に事へ奉る。今より二十世の祖を兵部大輔といふ。すなはち神の教へによりて筑紫へ下り来て、肥前の渋江村に住みけり。その子孫、後に至りて大村に移り、居ること数代にして遂に長崎に来れりとぞ）。

その孫を公師といふ。すなはち公姿の父なり。公師、毎にあるいは客を宴せんとすれば、その前夜に当つて佳殺盤に盈つ。皆河魅（俗に河太郎といふ）の給なる所なり。これすなはち往古王に約する所の遺にして、その家の宗支たるものはかくのごとし。庶別はしからずといふ。

公師父子来りて崎に寓せしより、家法を修めて業とす。夏月、邑人多く河魅のために悩まさるるに、公師・公姿その疾苦を観て、みづから一家の術をなして善くその祟を治む。よつて祠を立てて民の為にその殃はひを禳ふ。民大いにこれを利とす。

今の社地はもと諫早氏の屋敷なりしを、八幡町楠田是平といふ者について譲りを受け、元文四年（１７３９）宮社を営み設けて、旧地より移し祭れり。始めは北に倚りて南向きたりしを、神の教へによりて殿宇を南へ推し出し、西向に安座し奉れり。これより神徳さらに著じるく、社司の家法また奇特にして、海中船上においてしばしば神異霊応あり。ここを以て松浦・五島をはじめ、島々浦々大いに信じて、年ごとにその札守を請ひて水難を禳ひ、海路を達するの加護を祈る。唐人・阿蘭陀のごときに至っても、また能くこれを尊信する事を知りて、年ごとに貨物の銀を納む。また黒札と称する社司家法第一の神符あり。これを帯ぶれば、河魅敢へて近づくこと無し。遠近争ひ求めてこれを重んず。その霊まことにしかり。

「水神の社」の項（現代語訳）

原文は歴史的仮名遣いや難漢字等もあって今日では読みづらいため、現代語訳では筆者（徳永）の判断で適宜、補筆、冗長な表現の削除、意訳等の修正をおこなっている。なお「水神の社」「穎林邑」「八幡町」「炉粕町」に続く（　）内の説明は昭和五十八年刊行時の校注から援用した。

水神の社（大正九年、本河内町に移り現在に至る）は大窪山の下にある。すなわち穎林村（伊良林町。元文四年ここに移転）の内で、八幡町（伊良林一丁目の西隣）が管理している所である。聖堂とはわずかに川一つ隔たっている。境内は千三十九坪余り。祭神は罔象女命《みずはのめのみこと》である。長崎はもとより海に近く、水の神に加護を仰ぐ信仰が深い。社はもと炉粕町（八幡町の対岸、諏訪神社の前の町。明暦年間にここに移転した）荒神堂の右、古鎮道寺の遺址（鎮道寺の事は、北の巻に詳しく記している）の所に在った。承応元年、渋江文太夫公姿が建立したものである。公姿の父を刑部公師という。寛永年間、父子一緒に大村より長崎に来た。その時、大工町の内に小祠を奉った。渋江氏は橘姓で、河海の祟りを良く治めた。

昔、栗隈王（敏達天皇の皇子、難波皇子の男子）は伊予国（現・愛媛県）の統治を命じられて宇和に住んでいた時、その地の水族（後に述べる川立の神のこと）を支配した。水族は常に栗隈王に仕えた。彼等は数十世の後に至っても、服属すると約束した。（栗隈）王は橘諸兄公五世の祖である（正史等の系譜では橘諸兄の祖父に当たる）。天正年間、肥前の渋江村に橘公村という者が居て、自らを諸兄公の子孫であると称した。住んでいる村の名に因んで、渋江氏と称した。

（また別伝では、渋江氏の祖は代々大和国春日の辺りに居て、水神に仕えていた。今から二十世の祖に兵部大輔という人がいて、神の教えによって筑紫へ下って来て、肥前の渋江村に住んだ。その子孫が後に大村に移り数代居て、とうとう長崎にやって来た。）

その孫を公師といって、公姿の父である。公師は常に客をもてなすに当たって、前夜に佳き肴を器一杯に盛った。これらは皆、河魅（俗に河太郎という）が用意したものである。すなわち昔（栗隈）王に約束した名残りで、その正統な家系はこのようにした。傍系はそうではないといわれる。公師父子が長崎に来て住み着いたことで、家法を修めて生業とした。夏は村人が河魅のために多く悩まされ苦しむのを公師・公姿が観て、一家の術をもってその祟りをよく治めた。それで祠を立てて民の為に災いを掃ったので、民は大いに助かった。

今の社地はもと諫早氏の屋敷であったものを、八幡町の楠田是平という者を通じて譲り受け、元文四年に宮社を営み設けて、旧地から移し祭った。始めは北側にあって南向きであったのを、神の教えに従って社殿を南へ押し出し、西向きに安座した。その結果、神徳はさらに著じるしく、社司の家法もまた奇特にして、海中船上においてしばしば神異霊応があった。これにより松浦・五島をはじめ、島々浦々の民は大いに信仰して、年ごとにその札守を求めて水難を掃い、海路の無事を祈った。唐人・阿蘭陀人もまた、これをよく尊び信じて、年ごとに銀を納めた。また黒札と称する社司家法第一の神符がある。これを帯びれば河魅は近づくことが無いので、遠近より競って求め、これを大事にする。その霊験はまことである。

「川立神祠」の項（原文）

橘家の祖、栗隈王に事へ奉りし河童約せしごとく、世々従事して離れず、すなはち祀つて以て守護となす所なり。

（あるいは云く、水神の社、大和国春日の辺りに在る事星霜旧たり。天平神護のころ、春日の社造替有りし時、橘島田麿営作の奉行たりしに、飛騨の工の造れる木偶を取りて猿沢の池に投じけるに、忽ち化して水魅となれり。しばしば威霊をあらはすを以てすなはち崇めて川立の神と称し、また兵統良神と唱ふ。すなわちいはゆる河太郎これなり。橘兵部大輔、筑紫へ下り来る時、春日よりして水神の御璽を捧げ来るに、川立もまた従ふ。公師・公姿、長崎に来るにおいてもまた離るることなし。今の社地定まりてより、遂に社傍の二股川に住んで守護となす。）

ここを以て社傍の渓流中に住んで、常に社壇の下に通いて守衛怠ることなし。ゆゑに兵主部等と唱へ、社司の祭法を修めて、海・川・淵・江・池・沼すべて水処の護衛を乞ひ祈るに感応奇特多しといふ。享保の末のころ、河太郎夜ごとに出でて社頭の後門を扣き、礫を放ちてやまず。時の社司考へ計りて、彼が潜居の渓流、草芥濁壊の物の為に塞げらるることを知りて、これを禁じて棄つる莫らんことを願ひ請ふて許しを得たり。これよりいよいよ、この辺すべての守護をなさんことを告げて謐まれり。この時より、五月二十九日の水神祭の礼式厳に定まり成せり。今に至つて例祭の日とし諸人群参す。

「川立神祠」の項（現代語訳）

橘家の祖、栗隈王に仕えた河童は約束した通り、世々長く仕えて離れなかった。それで彼らを祀って守りとした。

（また別伝では、水神の社が大和国春日の辺りにあって年久しくなった。天平神護のころ、春日の社を造り替える時に、橘島田麿が営作の奉行となり、飛騨の匠が造った木偶を取って猿沢の池に投げ込むと、たちまち水魅と化した。しばしば霊威をあらわしたことから、これを崇めて川立の神と称し、また兵統良神と呼んだ。つまり河太郎のことである。

橘兵部大輔が筑紫へ下った時、春日から水神の御璽を捧げ来るのに、川立もまたつき従った。公師・公姿が長崎に来るにおいてもまた離れることがなかった。今の社地が定まってからは、社傍の二股川に住んで守りとした。）

川立の神は、この社傍の渓流中に住んで、常に社壇の下に通って守りを怠ることがなかった。故に兵主部等と呼び、社司の祭法を修めて、海・川・淵・江・池・沼すべて水処の護衛を祈ると、これに応えることが多かった。享保（１７１６〜１７３６）の末のころ、河太郎が夜ごとに出て来て社頭の後門を叩き、礫《つぶて》を放ち続けたことがあった。時の社司はどうしてなのかを考えると、彼等が潜り住んでいる渓流が草や芥、濁り壊れた物によって塞がっていたことを知って、こうしたものを棄てることを禁じるよう、（お上に）請うて許可を得た。こんなこともあって河太郎はますます、この辺りすべてを守ろうと告げて静かになった。この時から五月二十九日の水神祭の礼式が厳かに定まった。今に至って例祭の日とし、諸人が群参している。

補記1　白鳳九年に中国・明州から渡来した妙見神

『熊本の伝説』（角川書店・刊）は、この国最古の妙見神渡来地として八代市妙見町の八代神社を紹介している。その祭神である「妙見神は中国の明州の津から亀蛇に乗って白鳳九年、八代の竹原の津に上陸された」と。また札の辻には「河童渡来の碑(1)」が建ち、「昔、中国より九千坊とよばれる河童の一族がこの地に上陸したと伝え、日本全国へここから移動し、広がっていった」とも。

このうち「中国の明州」とは現在の浙江省寧波のことである。この寧波《ニンポー》を『東日流外三郡誌』所収の「荒吐神要源抄」では「高天原」としているが、ここではそのことについての判断は留保する。

そのうえで「高天原＝寧波」説に敢えて言及するならば、記紀の神統・皇統譜が史実のとおりではないにせよ、なんらかの史実の反映とみた場合、「高天原」とは「高」が高木神（高皇産霊尊）に代表される北馬系集団（「木」をリンガの表徴とする氷蔵信仰を奉斎する）

を指すのに対し、「天」とは「海士」であり南船系（江南出自）の太陽信仰の稲作集団であり、「原」とは「腹」すなわち同胞（はらから）・一族の意で、パーリ語の「bala」梵語の「pāla」に淵源する語であろう（第六章「シダラ神考」を参照）。つまり「高天原」からは、九州における南船系倭人による集団稲作による倭国形成とは別に、主に韓半島南部で北馬系戦闘集団である「高神族」が主導する形で南船系稲作集団（この中に寧波の地からの人々も含みうる）である「天照大神族」と混住・混在しながら、次第に対馬・壱岐等へと南下してきた歴史過程が読み取れるのである。

このことが『古事記』の天孫降臨における天照大神の子である正勝吾勝勝速日天忍穂耳命と高木神の女・萬幡豊秋津師比賣命との婚姻説話の背景となっているのでは、と考えられるのである。なお、相続が天照大神系の男子の系譜で主導された表現となっているのは、記紀成立時（奈良朝、藤原不比等政権確立）の時代状況と、天照大神系が本来的には江南出自の稲作民であり、北馬系の畑作・遊牧に比べて安定した食糧生産と貯蔵技術を持つ優位性を反映したものでもあろう。

これを系図化して示すと、次のようになる。

（北馬系男性神）
高木神――萬幡豊秋津師比賣命
　　　　　　　　＝＝天津日高日子番能邇邇芸命
（南船系女性神）
天照大神――正勝吾勝勝速日天忍穂耳命

天孫（邇邇芸命）の降臨地とされる日向の襲の高千穂峯（筑前・高祖山に比定）の麓にある高祖《たかす》神社の祭神を『筑前名所図会』（奥村玉蘭著、文久四年脱稿）は高祖《こうす》大明神とし、高祖大明神とは彦火火出見尊*のことであるとする。そして、「三代実録に元慶三年九月廿五日、筑前国正六位上高幾比咩神に従五位下を授け給ふとあるも、此御神の事なり、高祖《たかす》を高機《たかす》ともかけり」と記す。

が、〈新訂増補 国史大系本〉『日本三代実録』元慶三年（８７９）条に筑前国高幾比咩神のことは見えない。同書・元慶元年（８７７）九月廿五日条に、「筑前国正六位上高磯比咩神に従五位下を授く」とあり、こちらが正しいのであろう。ともあれ、高祖神社の祭神・高祖大明神を彦火火出見尊とするのは当たらない。「高磯比咩神・高幾比咩神」とあるからには、高祖大明神とは北馬系の高木神の女・萬幡豊秋津師比賣命とするほかあるまい。

その婚姻相手（正勝吾勝勝速日天忍穂耳命）との子である邇邇芸命の祖母に当たるのが天照大神で、同大神を高祖山の連なりの鞍部にあたる「日向《ひなた》」峠に幻視することで、北馬系・高神族と南船系・天照大神族との韓半島南部での混融・一体化の残影を高祖山に見ることができよう。改めて「高天原」とは「高（神）＋天（照大神）」系「原」（一族）の意であり、九州・出雲への侵攻（＝降臨）以前に南船・北馬が合体した集団として成立していたことを示唆するものである。

＊邇邇芸命の誤伝であろう。

ところで明州からの妙見神の八代渡来が「白鳳九年」とされていることについてであるが、『二中歴』で見れば西暦669年に相当しよう。しかし本文で記した春秋時代（前770〜403）の呉王夫差の子・公子忌の渡来（BC473年）や『三国志・呉書』「三嗣主伝」天紀四年（280）四月戊辰条の呉将・陶濬の時期より、ずっと後代のこととなる。しかしここは、私見で示したように江南からはカッパ（水族）に限っても幾波にも亘って倭国・九州や日本各地に渡来していることを押さえておくべきであろう。

ただ「白鳳九年」と特定化された年次が伝承されている背景を考えてみるならば、中国で唐朝成立（618年）後、太宗の治世下（627〜649年）においても唐の版図拡大は止まず、それに圧迫される形で江南その他の地から幾度かの渡来があった。そのダメ押しが二代皇帝・高宗（６４９〜６８３年）による百済討伐（６６０年）、白村江の役（６６３年）、高句麗討伐（６６８年）であり、新羅による朝鮮半島統一（６７６年）へと結果した。「白鳳九年」には、そうした一連の歴史が反映しているのではないだろうか。

（註１）熊本県八代市の「河童渡来の碑」は、随筆家の佐藤垢石（１８８８〜１９５６年）が『山童閑遊』（後に『河童閑游』［１９５２年・刊］に改題）の中で紹介した話が縁となって、地元の人たちが建てたもの。碑文は次の通り。

「航海安全　水難消除　河童渡来の碑

ここは千五、六百年前、河童が中国方面から初めて日本に来て住み着いたと伝えられている所である。この二個の石はガラッパ石と呼ばれ、三百五十年来の石橋であった。或日、いたずら河童が付近の人びとに捕えられたとき、この石が擦り減って消えるまでいたずらはせぬと誓い、

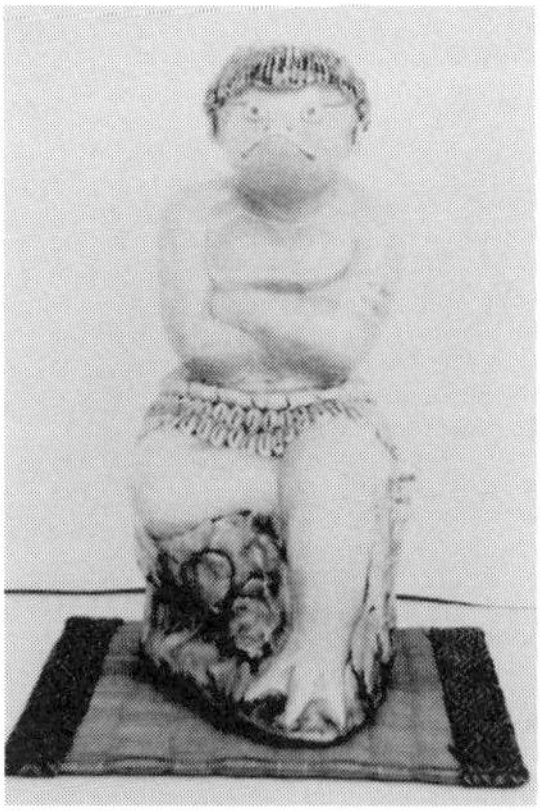

くま川ガラッパ「九千坊」

年に一度の祭りを請うたので、住民はその願いを諒とし、祭りを当日の旧五月十八日と定め、今でも「オレオレデーライタ－川祭り」と名づけて毎年祭りを行っている。昭和二十九年六月　八代市中島町内会　中島町史跡保護会」（和田寛・編『河童伝承大事典』より引用）

補記2　「栗（くり）」「隈（くま）」地名について

本章の4節「栗隈大溝の利水工事」で、『日本書紀』に記載された「栗隈大溝」（あるいは「栗隈王」の出自・勢力圏といってもよいが）をいずこに比定すべきかについて、①の倭国王統内をひとまず回避して記述したが、ここで改めて検討してみたい。

まず「栗」は本来、「刳り貫く」の意の「刳り」であり、「栗」の字は後世の当て字であろう。後述するように「刳り隈」が「水源を確保すること」を含意するならば、「栗隈大溝」の利水工事に通意する。

また「隈（くま）」の地名は北部九州に集積している。佃收は『新日本分県地図』（国際地学協会、一九七六年版）から「隈」のつく地名を福岡県で三十二箇所、佐賀県で二箇所、「熊」のつく地名を福岡県で十七箇所、佐賀県で四箇所、熊本県で一箇所、他に「球磨」地名を熊本県で一箇所拾っている。

ところで『日本書紀』では景行天皇、日本武尊、仲哀天皇、神功皇后の「熊襲征伐」譚が語られている。佃收は『四世紀の北部九州と近畿』で、「熊襲征伐」がおこなわれた地域として、景行天皇―福岡市西区、日本武尊―肥前国基肄郡川上（佐賀県三養基郡基山町）、仲哀天皇―福岡市東区香椎、神功皇后―橿日宮（香椎）と御笠（福岡県筑紫郡）から夜須（福岡県朝倉郡）にかけての地域を挙げる。そのうえで佃は「熊襲」（＝「狗奴国」）の領域を推定しており、その中には「隈」を地名とする所（月隈、金隈、雑餉隈）が含まれる。佃は「狗奴国」の故地を現・福岡県筑紫野市隈、とする。

なお白川静は「隈」「隅」について「川や道の曲がって入り込んだ所、奥まって隠れた所など、神異あるところ」と抽象的に解するが、私見では生命の維持に不可欠な「水」が湧き出るところが「隈」と「隅」なのであり、だからこそ「隈」と「隅」は神異あるところなのである。

ここで佃の考察の上に大事なことを付け加えておくと、征伐された側の熊襲が「土蜘蛛」同様の穴居生活であったり、川辺に居住していることである。これは食物と並んで生命を維持するのに最も重要な「飲料水」を恒常的に確保できた地が（自然の湧水泉を除けば）上流（川上）の谷川水を得られる所か、山際の崖の地層で濾過された清水を得られる所で、人々はそこに居住するより他なかったからである。佃が作成した熊襲の領域地図をみても判るように、そのような土地を巡って先住者と後発勢力との戦闘が交わされたのである。

なお「くり・くま」地名を現在に残すところとしては、香川県綾歌郡綾歌町に「栗熊西・栗熊東」がある。同地は古代の「鵜足《うた》郡栗隈郷」（和名抄）に所縁の地で、中世に「栗隈（栗熊）郷・栗熊庄」として存続し、近世には栗熊村、そして今日の字名に至っている。

注目すべきは旧栗熊村に近接する旧富熊村に讃留霊公《さるれいこう》の古伝承が存することである。子孫の綾益甲の住居の栗の木の根元から清水が湧いて「玉井」と称され、同地を「隈玉」「栗隈の里」と称した、と（『讃留霊王公胤記』など）。

また讃岐といえば灌漑用溜池の造りで知られる地であるが、栗隈郷にも多くの溜池や堤防遺構が残存する。

補記3　栗隈王─橘氏の遺領伝承事例

第三章で『長崎名勝図絵』に記された伊予の宇和における栗隈王と水族をめぐる伝承について取り上げたが、これが歴史上に実際あったことの具体的な証左を次に紹介したい。

愛媛県西予市内（旧・宇和町）の広い盆地は宇和米の産地として知られていたが、同地は嘉禎二年（1236）、橘氏に代わって西園寺氏の所領となる。『吾妻鑑』嘉禎二年二月二十二日条によると、鎌倉幕府の御家人橘公業の先祖が宇和郡を所領とし、遠保の時に純友を討伐してのち、宇和郡に定着し、子孫に相伝したことを認めている。しかし、嘉禎二年二月二十二日、幕府は常盤井入道太政大臣の宇和郡を得たいという強い要望を入れて、橘氏の所領を奪い、以来宇和郡は西園寺氏の宇和庄となったことを記す。なお、『愛媛県の地名』（平凡社・歴史地名大系）には、仁治元年（1240）閏一〇月一三日、前薩摩守沙弥公蓮（＊公業と考えられる）は宇和郡地頭職に代えて肥前国長島庄地頭職を与えられ、これを橘与一公員に譲っていると記す。

これに関連して、佐賀県武雄市橘町の潮見神社には次のような伝承が残されている（『北肥戦誌』、大正七年）。

大略として「島田丸の六代孫・大納言好古が天慶四年［880］、藤原純友を討伐した報奨に伊予国を賜り、子孫九代が住した。其の九代嫡孫の橘公葉の時に、その領地・伊予国宇和郡を天皇家が常盤井関白(1)に賜わった。

九州河童地図

そのため、橘公葉にはその替地として豊前国副田庄・肥後国久米郷・大隅国種子島・肥前国長島庄を与えられ、嘉禎三年［1237］伊予国から肥前に来て長島庄の塩見山に城郭を構えた」と。「さらに豊後守公師*は、公葉の十六代後裔」と。

＊公師は『長崎名勝図絵』に登場する人物。

これらは水族が肥前長崎に移る前史と見ることができよう。

この嘉禎二年から三年にかけての経緯を記す『北肥戦誌』の伝承内容は、歴史的に整合しているとみなしうる。

加えて寛元四年（1246）の宮騒動で九条道家が失脚すると、西園寺実氏《さねうじ》は関東申次に補任され、勢威を揮った。以後、関東申次は西園寺家が世襲することになる。その鎌倉幕府からの使者（東使）と対面した場所が実氏の居所である常盤井第で、実氏は出家後、その居所に因んで「常盤井入道」と称した（山岡瞳「鎌倉時代の西園寺家の邸宅」等を参照）。

そうした事情から『北肥戦誌』で「常盤井関白」の誤用が生まれたのであろう。

（註1）嘉禎二年の摂関は九条道家であり、当時の西園寺家当主の実氏は右大臣である。そもそも西園寺家は清華家であり、摂関にはなれない。しかし実氏には娘姞子が後嵯峨天皇の中宮となり、寛元元年（1243）には後深草が誕生。寛元四年に後深草が即位す

ると外戚の地位を得る。また建長元年（１２４９）、姑子に亀山が誕生、正元元年（１２５９）に即位して、実氏は二代続けて外戚となっている。さらに実氏は、娘・公子（後の東二条院）を後深草の中宮に立てている。

補記４　熊本県上益城郡の河童と井王三郎伝承

中国・江南地方を黒潮に乗って脱出した人々が日本列島に漂着した地は海流や天候、使用した船の構造・規模等によって各地でありうるが、初期には地理的に近い九州（南・中九州）であった蓋然性は高い。その上陸地の一つとして先に河童伝承が残る熊本県八代市を採り上げたが、ここでは南船系倭人・水族の痕跡を伝えるものとして熊本県上益城郡嘉島町の「河童と井王三郎」の話を紹介しよう。

井寺にある浮島熊野座神社は、この地を治めていた井王三郎直久（第三代目）が建てたといわれ、きれいな水の「浮島の池」のほとりにあって、この地の氏神様として昔から信仰されており、一名「浮島さん」と呼ばれている。その神社の北、二百メートル程の所の田んぼの真ん中に、こんもりとした森があり、そこに小さな祠が建てられている。これが浮島熊野座神社を建てた井王三郎直久を祀る祠で、「井王三郎神社」「イオンサブロウサン」「イオノサムライ（魚侍）」などと呼ばれ、「イボ（疣）取りの神様」ともされ、「イボンサブロウサン」とも呼ばれている。

ある年の、この神社の夏の例祭（旧六月十五日）の日に胡瓜や茄子を輪切りにし、胡椒を入れた焼酎を竹筒に入れ、笹竹に下げておくと、近くの川から河童が上がってきて胡椒焼酎の入った竹筒を担いで踊りだしたという。この地では河童は井王三郎神社の眷属だといわれ、祭礼の始まった時から今まで井寺地区の子供は誰一人として水に溺れた者はいないといわれている。（和田寛・編『河童伝承大事典』より引用）。

既に『和姓に井真成を奪回せよ』（2005年）において室伏志畔をはじめとする九州古代史の会の各氏が、「井」姓が南船系倭人に連なることを明らかにしている。この井寺の河童伝承も南船系出自の「井」氏と水族（河童）との繋がりを示唆するものとみることができよう。

補記5　太伯伝承等の文献について

私見では、河童の出自は本来的には中国大陸・江南からの南船系とするが、後世の日本においては半島経由の北馬系と習合化してしまっている。

そこで参考までに江南出自の河童に関わるとみられる「太伯伝承」等の文献・用例を少しリストアップしておくことにする。

①司馬遷『史記』本紀・夏本紀第二には、舜から禅譲された禹（夏王朝の祖）が治水で功績を上げたことを記す。その六代目・少康の時、『史記』世家・越王勾践世家第十一によれば、少康の庶子（無余）を会稽にやり、その末裔が後に越王・勾践の祖となる。

②また『史記』世家・呉太伯世家第一では、周祖（姓・姫氏）・古公亶父の長子・太伯と次子・虞仲が呉国に去り断髪・文身、その後裔が呉王・夫差となることを記す。

＊ここまでは、いずれも倭人との関わりについての記述はない。

③『魏略』逸文（『翰苑』巻三十、『通典』、『太平御覧』所引）

・（前略）其俗男子皆点而文、聞其旧語、自謂太伯之後、昔夏后少康之子、封於会稽、断髪文身、以避蛟竜之害。今倭人亦文身、以厭水害也。（後略）

④『魏志』倭人伝

・（前略）男子は大小となく、皆黥面文身す。古より以来、その使中国に詣るや、皆自ら大夫と称す。夏后少康の子、会稽に封じられ、断髪文身、以て蛟竜の害を避く。今倭の水人、好んで沈没して魚蛤を捕え、文身しまた以て大魚・水禽を厭う。（後略）

＊三国時代を記した前記二書で初めて、倭人が江南・呉の太伯、並びに夏后少康之子の後裔として

登場する。

⑤『晋書』巻九十七、四夷伝・倭人

・男子无大小悉鯨面文身、自謂太伯之後、又言上古使詣中国皆自称大夫、昔夏少康之子、封于会稽断髪文身。(後略)

⑥『梁書』巻五十四、諸夷伝・倭

・倭者、自云太伯之後、俗皆文身。

⑦『資治通鑑』前編・呉滅亡条(宋の金履祥[1232~1303])

・今日本又、呉太伯の後といふ。蓋し呉亡びその支庶、海に入りて倭となれり。

日本においては、⑧『新撰姓氏録』(八一五年)の右京諸蕃に「松野連　呉王夫差之後」との記述がある。また『松野連系図』(1)(鈴木真年・草稿写本、国会図書館所蔵)には「呉王夫差の支庶忌(字は慶父)、孝昭天皇三年来朝　住火国山門」とある。

なお『新撰姓氏録』には江南からの渡来民として「松野連」のほかに、茨田勝「出自呉国王孫皓之後　意富加牟枳君也」(河内国)、刑部造「出自呉国人李牟意彌也」(河内国)、蜂田薬師「出自呉主孫権王也」(和泉国)、牟佐村主「出自呉孫権男高也」(左京)、和薬使主「出自呉国主照淵孫智聴也」(左京)、額田村主「出自呉国人天国古也」(山城国)、工造「出自呉国人太利須須也」(右京)、祝部「工造同祖呉国人田利須須之後也」(右京)、工造「出自呉国

人田利須々也」（山城国）とあり、呉国からの出自を記す。

また上勝「出自百済国人多利須須也」（右京）、勝「上勝同祖　百済国人多利須々之後也」（山城国）、勝「上勝同祖　百済国人多利須須之後也」（摂津国）とあるが、呉国人の工部・祝部と百済国人の上勝・勝とは名が「タリスス」と同音であることから、呉国から百済経由の江南系渡来民とみることができよう。

さらに同書・未定雑姓の中に、高向村主「呉国人小君王之後也」（右京）、牟佐呉公「呉国王子青清王之後也」（摂津国）、小豆首「呉国人現養臣之後也」（和泉国）を記す。ただし姓氏録記載の出自がすべて正確とは断定できないが、江南からの渡来民が多くいたことは否定できないであろう。

その後、⑨中巌円月が（暦応四年［１３４１］）において皇祖・太伯説を記したとされる。

⑩イエズス会・日本人、不干斎ハビアン（巴鼻庵）は『妙真問答』（１６０５）において「去バ彼泰伯ノ苗裔、日本へ渡初シ事必定ニテ侍」と述べ、

⑪林羅山も『倭賦』（１６０６）で「泰伯譲りて来る。少康の子、止まって復らず」とする。ただし林家は江戸幕府に仕える儒者としての立場から、公説と私説を使い分け、公的立場からは反・太伯説を唱える。

⑫藤貞幹は『衝口発』（１７８１）で、「或記云、（略）其先は呉の泰伯の苗裔より出させ

玉ふ」と記す。

＊⑨⑩⑪⑫は星野良作『研究史　神武天皇』を主に参照。

⑬鶴峰戊申『襲国偽僣考』（1820）（平野雅廣『火ノ国山門』より引用）

・此書は、古昔呉の支庶、我西鄙に逃来り、其子孫強大にして、錦繍をよそほひ、城郭をきづき、そのかみより、漢の文字を取あつかひ、みづから王と称して国号を建て、漢土と通じ、或は新羅と婚し、もし意に合ざれば文を移して侵掠し、暦を作り年を紀し、寺をたて銭を鋳、すべて漢土の僣偽の国に異ならざりしといふ考なり。是を書紀には熊襲といふ。また今来ノ隼人といへるも是なるべし。（序言）

・かくて熊襲といひしものは、いかなるものの後ぞと尋るに、まづ晋書に、倭人自謂二太伯之後一　としるせる、倭人といふもの、やがてこの熊襲の事にぞあるべき。

・呉之支庶入レ海為レ倭　といふ事は、通鑑にも見えたり。

・また孝霊帝の御宇、列滴といふ年号はじまり、応神帝の御時、璽至といふ年号ありしといふ説きこゆるも、年号にはあらで、かの熊襲が名告りたりし、漢風の称号を混淆して、しかいひ伝へけんもしるべからず。

熊襲果して呉の支庶の後ならんと思ふには、当時より、その国には、もはら呉の事物を伝来し、文字を始め、諸の器財までも、呉の国のさまにてありけん事を思ふべし。

かの仁和寺書籍目録に見えたる肥人書、薩人書は、すなはち吾邦一種の文字にて、朝鮮の諺文といふものは、是によって造れるなりと云説もあり。

・俗に、大隅の国正八幡（註・鹿児島神宮）は、呉の太伯を祭れるなり、といへるもよしなきにあらず。神社啓蒙を検すべし。

また姓氏録に、松野ハ呉王夫差之後也とあるに、豊後国大野郡にありしといふ真名ノ長者のたぐひ、松野と真名野と、音いと近きもよしありげ也。

このうち「かの仁和寺書籍目録に見えたる肥人書、薩人書」云々については、⑭『古事類苑』文学部一「文字」の項に、以下のように記されている。

・〔本朝書籍目録帝紀〕肥人書　五巻
薩人書

〔令集解賦役十三〕凡邊遠国有一夷人雑類二、（中略）古記云、夷人雑類、謂毛人、肥人、阿麻彌人等類、問、夷人雑類、一歟二歟、答、本一末二、假令、隼人毛人本土謂二之夷人一也、

○按ズルニ、本文ニ據ルニ、肥人トハ恐クハ隼人ノコトナルベシ、尚ホ官位部隼人司篇参考スベシ、

〔同文通考二〕肥人書《ヒジンノ》

謹按ズルニ、冷泉大納言爲富卿ノ本朝書籍目録ニ、肥人書五巻ト載セラレタリ、サ

ラバ此書モト五巻ナリシニ、後ニ纔ニ六七枚バカリ、大蔵省ノ御書ノ中ニノコレルナリ、肥人書トハ肥ノ国人ノ書也、○中略

薩《サツ》人書

冷泉家ノ書籍目録ニ、薩人書トイヘル物アリ、是モ肥人書ノ類ニシテ、薩摩人ノ用ヒシ書體ナルヨシイヒ伝ヘヌ、サレバ是モ亦我国ノ書ノ一體ナルベシ、

（註1）『松野連系図』は周知のように二つの系図が合成されているような形であり、注記を含めて極めて興味深い人名・地名等が記載されている。これらを解読するのは容易なことではないが、筆者が気になっていることを一つだけ挙げておく。それは熊鹿文以下の人名において、「鹿文」と表記される者が十二名もいることである。この「鹿文」は「かや」と訓みうるもので、南船系呉王出自の系図が北馬系「伽耶」族にグラフト化されていったことを示すものではないか。

コラム◉豊後の河太郎

江戸期の著作物である『日本山海名物図会』に「豊後の河太郎」が図入りで紹介されている。図を見れば分かるように、川を隔てた右側に鍬を持つ農民二人が描かれ、川中に一人、川を隔てた左側に七人の河太郎が描かれている。河太郎の姿は俗にいう河童で、小児のようであり、小動物のようでもあり、髪はざんばらで頭の頂に皿がある。これが豊後の名物とされている。あるいは『和漢三才図会』にも「豊後国

豊後の河太郎（出典：『日本 山海名物図絵』）

土産」として川大郎（河獣で小児の如し）が記載されている。

古代において水田稲作に欠かせない利水工事や国土開発に力を尽くした水族だったが、江戸期の共同幻想においてはかくまでに零落したイメージとして、人倫に悖る生活を余儀なくさせられて共同体からの疎外者となってしまった。

江戸時代の身分制度として「士・農・工・商」のその下に「穢多・非人」が置かれたことは知られているが、河太郎はさらに最下層に「人外の民」として存在していた。

支配層にとって分断統治は民衆支配の常套手段であるが、被支配者の側もそれに乗りかかってしまうのは世の常ともいえる。『日本山海名物図会』に描かれた「豊後の河太郎」の姿は、対岸の農民とのコントラストにおいて我々にそのことを告げている。

◎第四章

藤原不比等による水族の取り込み

1　はじめに

豊前中津のしがない小祭祀集団であった中臣氏が、不比等（659～720）の代に至って日本国を実質的に差配する最高権力を有するまでに至ったのはどうしてか。これはその謎解きのための一試論である。

氏素性も定かでなかった中臣（藤原）氏が、歴史の表舞台に登場するのは『日本書紀』における「乙巳の変」いわゆる「大化改新」の中臣鎌足からというのが通説である。が、書紀における中臣鎌足の事績の記述が、その編纂にかかわった不比等によって父・鎌足を荘厳するために大きく潤色されたものであることは今日、多くの識者が指摘するところである。

さて前章の「河童考」でも指摘したように、後世、カッパ・ガラッパ・ミズチ・メドチ等と卑称されて「妖怪」まがいの存在にまでおとしめられた「水族」は本来、航海、造船、採鉱、土木工事などについての高度な技能・知識を持つ大陸・半島からの渡来民であった。列島内の王権や古くからの土着豪族たちにとって如何にして彼等を取り込むかは自らの権力基盤形成の帰趨を制するものであった。とりわけ奈良時代に律令体制の整備に深くかかわった（藤原）不比等にとって、朝廷政治の内外でその飛躍を可能とした力の源泉になったのが、この水族の取り込みであったと筆者は考える。端的に言えば、不比等が縣犬養（橘）三千代を妻としたことである。

2　謎の犬養氏族

三千代については、父を従四位下縣犬養宿禰東人（『新撰姓氏録』左京皇別上橘朝臣条、『尊卑分脈』橘氏項）とするだけで、他は不詳。母は姓・名を含めて全く不詳とされているが、それは不比等以降の藤原氏の作為以外のなにものでもない。

なんとなれば、縣犬養（橘）三千代(1)に連なる一族こそが、中国・江南出自の水田稲作を背景とした豊かで強力な集団であるからである。あえて言えば、後漢の光武帝から金印を賜った「委奴国」、三国（魏・呉・蜀）時代に卑弥呼の邪馬壱国と争った「狗奴国」、それら倭国王統につながる支脈の一つであろうと筆者は考える。*

＊「犬」が水田稲作をもたらした南船系集団のトーテムの一つであることについては「補記1」を参照。

犬養氏族については、『日本書紀』安閑天皇二年八月条に「秋八月の乙亥の朔に、詔して國國の犬養部を置く。」「九月の甲辰の朔丙午に、櫻井田部連・縣犬養連・難波吉士等に、詔して屯倉の税を主掌らしむ。」とあるのが初見。

因みに『新撰姓氏録』では、左京神別に縣犬養宿禰を「神魂命八世孫阿居太都命之後也」、同じく大椋置始連を「縣犬甘同祖」とし、右京神別に天語連を「縣犬養宿禰同祖。神魂命七世孫天日鷲命之後也」とし、神魂命を祖とする神別氏族と記す。(2)

ところが宝賀寿男は、その後裔が中世には残らず、適切な系図も伝わらないとして、「縣犬養氏は古代氏族の中でいまだ大きな謎」とする。

宝賀によると、犬養部を統率した中央の伴造氏族には縣犬養、稚犬養（若犬養）、海犬養、阿曇犬養、辛犬養、*阿多御手犬養がある。このうち稚犬養（若犬養）、海犬養、阿曇犬養、辛犬養は海神族系、阿多御手犬養は隼人系氏族、縣犬養は山祇族系の模様だが、黛弘道の労作『犬養氏および犬養部の研究』をもってしても系譜は必ずしも明確ではない、としている。

＊「辛」は「唐（渡来人）」の意であろう。

私見では、記紀等の記述を鵜呑みにした黛や宝賀の認識ではどれだけ精緻な分析を行ったところで、（藤原）不比等の詐術に引っ張り回されるだけであり、もっと素直に、あるいはもっと狡猾に読み込めば、いずれの犬養系氏族も海士系の色合いが濃厚であることが自ずと浮き出てこよう。

そのような水族・海士系集団を背景に持つ犬養氏族に、中臣（藤原）氏族は近づいたのである。

（註1）縣犬養（橘）三千代の正史における初見は『続日本紀』養老元年（717年）に従三位、夫・不比等が死去した翌年・養老五年に宮人として最高位の正三位に。天平五年（733）一月に死去、同年十二月に従一位、天平宝字四年（760）八月に正一位と大夫人の称号を追贈され、最大級の遇され方をしている。

（註2）鈴木真年『百家系図稿』によれば、神魂命から始まる系譜では阿居太都命を縣犬養連の祖とし、その子・田根連を安閑紀二年九月条に記された「屯倉の税を主掌らしむ」人物に宛て、その三子を黒比古、多比連、手繦、とする。そして黒比古の子を東人、多比連の子を大伴とする。つまり縣犬養宿禰大伴と縣犬養（橘）三千代の父である縣犬

養宿禰東人とは従兄弟の関係にあり、前出の縣犬養連手繦と縣犬養宿禰大伴・縣犬養宿禰東人とは叔父‐甥の関係にある。その縣犬養宿禰東人には二男（石次、吉麻呂）二女（三千代＝道代、八重女）がいた。一方、縣犬養宿禰大伴の子に禰麻呂、禰麻呂の子に三男（唐、筑紫、人上）がおり、唐の子の広刀自は聖武天皇の夫人として一男（安積親王）二女（井上内親王、不破内親王）をなした。また唐の子の筑紫には一男（安麻呂）一女（姉女）がいたとする。

3　犬養氏族と天智・天武

第三章「河童考」で栗隈王に少し触れたが、栗隈王の子・美努王は縣犬養（橘）三千代と結婚し、二男（葛城王〔後の橘諸兄〕、佐為王）一女（牟漏女王）を儲けた。栗隈王と三千代の父・縣犬養東人とは同世代であり、三千代にとって二人は（前）夫の父と実父の関係にある。

栗隈王と天武との関係についても三章で既に述べたが、縣犬養氏は天武の近畿移動に伴って近畿に移ったとみてよいだろう。

ここで『日本書紀』の記事を曳くと、中臣（藤原）氏族と犬養氏族との関係については既に「乙巳の変」前段の謀議に登場する。すなわち皇極天皇三年正月条に「（前略）中臣鎌子連、佐伯連子麻呂・葛城稚犬養連網田を中大兄に挙めて曰はく、云々。」とあるのに次いで、いよいよ「乙巳の変」の本番記事、皇極天皇四年六月条には「（前略）時に、中大兄、即ち自ら長き槍を執りて、殿の側に隠れたり。中臣鎌子連等、弓矢を持ちて為助衛る。海犬養連勝麻呂をして、箱の中の両つの劒を佐伯連子麻呂と葛城稚犬養連網田とに授けしめて曰はく、「努力努力、急須に斬るべし」といふ。（後略）」とある。

つまり皇極天皇紀では中臣鎌子連と海犬養連勝麻呂・葛城稚犬養連網田とが謂わば同志として記述されている。これは（藤原）不比等による後世からの脚色かもしれないが、中臣（藤原）氏族と犬養氏族との関係の記述が「乙巳の変」のハイライト部分に登場することには留意すべきであろう。

このうち海犬養連勝麻呂は、系図には海神・綿積豊玉彦命の後裔に、勝海宿禰の子の大浜宿禰が阿曇連の祖、小浜宿禰が海犬養の祖とあることから、その末流であるかもしれない。なお応神紀三年一一月条に、「阿曇連の祖・大濱宿禰を海人の宰とす」とあり、「筑前風土記逸文」（『釈日本紀』所収）「資珂嶋」の項に、気長足姫尊の陪従として大濱・小濱の名がみえる。

また葛城稚犬養連網田は天火明命を祖とする尾張国造の系譜に建多乎利命が若（稚）犬甘連の祖とあることから、その末流であるかもしれない。が、縣犬養氏を含めてそれぞれの出自を分けていることには不自然な作為が感じられる。

周知のように「天智・天武」は日本古代史の大きな検討課題としてあるが、犬養系氏族が孝徳紀と天武紀に登場することも、中臣（藤原）氏族を背景においてみる場合の検討課題である。因みに天武紀には十三年十月一日に「八色の姓」を制定し同日、十三氏に「真人」姓を賜う。十一月一日には五十二氏に「朝臣」姓を賜う。さらに十二月二日には五十氏に「宿禰」姓を賜う。この中に縣犬養、稚犬養（若犬養）、海犬養の三氏も宿禰姓を賜わっている。なお十三年十月三日には縣犬養連手繦を大使として耽羅に遣している（翌年八月に帰朝）。

特に縣犬養大伴は、大海人皇子が挙兵のため吉野から東国に出立した時に従った二十数人の側近の一人である。天武紀元年六月条に「是の日（甲申・二十四日）に、途発ちて東国に入りたまふ。事急にして、駕を待たずして行す。儵に縣犬養連大伴の鞍馬に偶ひ、因りて御駕す。乃ち皇后は、輿に載せて従せしむ（後略）」とあり、「是の時に、元より従へる者」として、草壁皇子・忍壁皇子、及び舎人朴井連雄君、縣犬養連大伴ら二十有余人を記す。

さらに、①『続日本紀』大宝元年（701）七月二十一日には、縣犬養連大侶（大伴と同じ）に壬申の乱の功により百戸が封じられたこと。②天武天皇九年（680）七月五日に、天皇が縣犬養連大伴の家に出向いて病を見舞ったこと。③同十四年（685）九月十八日に、天皇は皇族・臣下と大安殿で博打をして遊んだ。縣犬養宿禰大侶はこの日に天皇の衣と袴を与えられた十人の中の一人であったこと。④朱鳥元年（686）八月九日に天武天皇が崩御し、二十七日に皇族・臣下が天皇に誄を述べ、直大参の縣犬養宿禰大伴は宮内のことについて誄を述べた。

これらの記事から、縣犬養宿禰大伴（大侶）並びに縣犬養一族が、天武天皇の有力な家臣であったことが判る。

4　不比等と縣犬養三千代

さて（藤原）不比等と縣犬養（橘）三千代との関係についてみると、二人の間には安宿媛（光明子）と吉日（『尊卑分脈』では「多比能」）の娘二人が生まれている。が、『続日本紀』では不比等には後に文武帝の夫人となり首《おびと》（後の聖武帝）を産んだ「宮子」がいたことを記す。すなわち「聖武即位前紀」神亀元年二月条に「母を藤原夫人と曰ふ。贈太政大臣不比等の女なり」とある。

この「宮子」を『尊卑分脈』では母を「賀茂朝臣比売」とする。さらに『続日本紀』天平七年十一月条に「正四位上賀茂朝臣比売卒しぬ。勅ありて散一位の葬儀を以て送らしめたまふ。天皇の外祖母なればなり」とあって、いかにも宮子の母は賀茂朝臣比売と整合するかのようである。

しかし紀州日高郡の道成寺の伝承では、宮子は当地の海人の娘で、その美貌故に不比等の養女となり文武帝の夫人となって首を産んだ、とある（梅原猛『海人と天皇』）。

では「宮子」の実母は誰なのか。『続日本紀』は「贈太政大臣不比等の女なり」と記すだけで、実母の名を明らかにしない。

『続日本紀』は最終的には桓武天皇の命で延暦十六年（797）二月に完成したが、複雑な経緯をたどって三段階に分かれて進められたようである。このうち、文武天皇元年から聖武即位前紀を含む天平宝字元年までの曹案三十巻が、藤原仲麻呂が権勢を極めた淳仁朝で編纂された（新古典文学大系本・解説による）。藤原仲麻呂は『藤氏家伝』の編纂者であり、自ら曾祖父の鎌足伝を著した人物である。

したがって藤原氏族にとって都合の悪いことは伏せられたであろう。しかし、『続日本紀』天平九年（737）十二月二十七日の記事では、首を産んで以来三十七年、「幽憂に沈み久しく人事を廃んでいた」藤原宮子が光明子の皇后宮（旧・長屋王邸の跡）に赴き、出産以来まみえることのなかった首（聖武）との母子の対面を果たした、と尋常ならざる内容を記す。

これは宮子の母が誰であれ、宮子が不比等の娘として養育されたことを物語ろう。その養育者こそが賀茂朝臣比売に当たるのではないか。さらにいえば、宮子を養女とした当時、不比等の権勢に並び立つ者はなく、宮人の間では黙して語らずとはいえ周知の事柄であったのではないか。

さらに天武王統第三代・長屋王の室に藤原長娥子（不比等の娘）がいるが、縣犬養氏の系図には三千代と不比等の間には「光明子」と「笠子媛」の二人の娘が生まれ、「笠子媛」を長屋王の妻と記すものもある。

この辺りの事情については事実関係を含め解釈に苦しむところであるが、元は豊前中津の小祭祀集団にすぎなかった中臣氏が不比等の代にかつての栄光の海人系の倭国王統[3]に繋がる血脈の取り込みを図っていることがわかる。つまり、不比等は縣犬養（橘）三千代の「海人ネットワーク」から海人系の美少女を天皇の夫人・皇后へと送り込み、外戚としての権力掌握を図ったのである。

（註3）天武天皇は『日本書紀』に即位前が「大海人皇子」、国風諡号で「天渟中原瀛真人」と記されていることから海人の香が漂う。なお崩御の後の殯宮で「大海宿禰菖蒲」が壬生の事を誄していることから、「大海子皇子」の名が大海宿禰菖蒲の下で養育されたことに因むとしても、養育者は最も信頼のおける縁者であることから、両者（大海人皇子と大海宿禰菖蒲）は海人系を背景としていると考えられるのである。

5　縣犬養三千代と前夫・美努王

ところで縣犬養（橘）三千代は（藤原）不比等と結婚する前、既に敏達天皇三世孫「美奴王」と婚姻しており、その間に葛城王（後の橘諸兄）と佐為王（後の橘宿禰佐為）、及び牟漏女王（藤原冬嗣の妻）をもうけている。海人族としての（縣）犬養氏族の娘・道代（三千代）と、海人族を配下に治める栗隈王の子・美努王とが婚姻によって結ばれたことは、かつての筑紫・倭国王統の末流として相互承認したことを物語るものであろう。

その美努王は持統天皇八年（６９４）、筑紫大宰率に赴任している。これは美努王の父・栗隈王がかつて天智朝時代に筑紫大宰であったことから、九州（主として筑紫方面）との所縁によるものであろう。高島正人『藤原不比等』では、美努王は筑紫赴任に際しては妻・三千代を伴わず、そのころ二人は既に離婚していたのであろうと推測している。また梅原猛は持統天皇八～九年、三千代の夫・美努王が大宰帥として筑紫に赴いた留守に不比等と三千代はむすびついたのかもしれない、とする。

「橘」姓は和銅元年（７０８）十一月二十五日に元明天皇から三千代に賜わったもので（『続日本紀』天平八年十一月条）、合わせて『続日本紀』天平八年十一月条には葛城王と佐為王の兄弟は皇籍を離れて「外家（母方）の橘姓」を嗣ぐことを聖武天皇に願い出て、「橘宿禰」という新しい氏を創設することを許されている。

縣犬養三千代が「橘」姓を賜わった理由を、『続日本紀』では「橘は菓子の長上にして、人の好む所なり。枝は霜雪を凌ぎて繁茂り、葉は寒暑を経て彫まず。珠玉と共に光に競ひ、金・銀に交りて逾美し。是を以て、汝の姓は橘宿禰を賜ふ」との元明天皇の言に基づく、としている。しかしより本源的には三千代の出自である縣犬養氏が水族に淵源すると幻視することは曲解であろうか。なぜなら、その象徴こそが「橘」だからである。(4)

（註4）「橘」が水に関わるものとして登場する伝承は数多くある。代表例として、倭建命（記）・日本武尊（紀）の東征譚をあげておく。ミコトが相模湾で暴風にあった時、その妾である橘比賣命（記）・弟橘媛（紀）が海中に入水して暴風を鎮めている。

6　天武王統と三千代と藤原氏

（藤原）不比等は持統女帝との二人三脚で苦労したが、文武天皇の妃として自らの娘とする「宮子」を送り込む。そして大宝・養老律令と『日本書紀』の完成後、間もなく没する。しかし文武帝と宮子の間に生まれた首がやがて聖武天皇として即位し、その皇后に不比等と縣犬養（橘）三千代との間に生まれた「光明子」が立ち、不比等の四男子（宇合、麻呂、武智麻呂、房前）が政権に参画する藤原時代を用意した。この間、天平元年（729）には藤原武智麻呂勢力は長屋王一族を敗亡に至らしめる。

その藤原氏一族も天平九年（737）の天然痘で藤原四兄弟が相次いで他界したため、藤原政権はあっけなく潰え、橘諸兄政権が発足する。ここからは天武・持統・天智の血脈を巡る皇位争いと、外戚としての藤原氏と縣犬養氏と両者に関わる橘氏との虚々実々の駆け引きと暗闘が展開される。

時に橘諸兄が光明子や藤原氏と協調関係をとったのには、諸兄が縣犬養（橘）三千代と（藤原）不比等との間にもうけた娘「吉日（『尊卑分脈』は「多比能」）」と婚姻し、橘奈良麻呂をもうけていることも背景にあろう。この橘奈良麻呂*は三度のクーデターを企て失敗に帰したものの光明皇太后による取り計らいによって穏便な措置に止まったかにみえたが、政敵・藤原仲麻呂から遂には処断を受けたようだ。その最期について『続日本紀』はふれない。また父である橘諸兄も天平勝宝八年（７５６）に左大臣を辞して隠退後、翌年没しているが、苛烈な処罰がなされた訳ではないようだ。あるいは橘宿禰佐為の娘・古那可智が聖武天皇の夫人に迎えられていることも一因としてありえよう。橘奈良麻呂と古那可智とは従兄妹（従姉弟）関係にある。

これらの事柄から中臣（藤原）一族にとって、特に不比等と縣犬養（橘）三千代との婚姻関係が如何に彼等の飛躍の原点にあり、その後も藤原氏にとって橘氏とは「敬して遠ざける」という「藤・橘」関係が存したことが覗えよう。

＊橘奈良麻呂の子が島田麻呂で、第三章「河童考」で述べたように大和国の春日辺りで水族を率いたドンである。

しかし縣犬養唐の娘・広刀自が聖武天皇の夫人として一男（安積親王）二女（井上内親王、不破内親王）をもうけたことで、三人には藤原氏並びに天智系皇統から警戒と排斥の眼が向けられ、やがて悲劇的な末路を迎えることとなる。

7 「藤三娘」に籠められた光明子の意志

ところで光明皇后が自ら書写したという『楽毅論』への有名な自署「藤三娘」（天平十六年（744）、正倉院宝物）について以前から気になっていたことがある。

通説ではこれを「藤原（不比等）」と「（縣犬養）三千代」との間の娘として「藤三娘」と自署したものと解釈するのである。が、藤原京跡出土の木簡には「大寶元年（701）」の年紀で「□養宿禰道代給□五」とあり、元明女帝による和銅元年（703）の橘宿禰賜姓と同時に名前

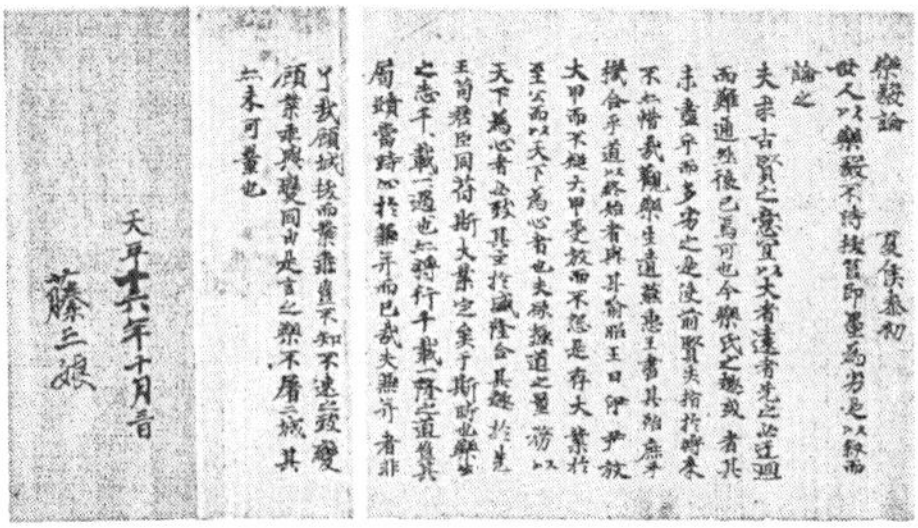

「藤三娘」の自署（出典：渡辺晃宏『日本の歴史04 平城京と木簡の世紀』）

も「道代」から「三千代」に嘉名変更したものと考えれば、通説には疑問が出てくる。むしろ「藤三娘」とは「藤原不比等の第三女」のことではないか。とすれば『日本書紀』等で藤原不比等が造作に努めてきた娘の系図は「一女・宮子（文武天皇夫人）」「二女・長娥子（長屋王室）」「三女・光明子（聖武天皇皇后）」「四女・多比能（橘諸兄室）」「五女・名不明（大伴古慈斐室）」とされるが、藤原不比等と縣犬養三千代の間の娘である「三女・光明子」と「四女・多比能」以外の母・娘関係は怪しいのではないか？　そこには縣犬養氏族の海人ネットワークによる娘攫いの痕跡が感じられるというのは穿ち過ぎであろうか。

「光明子」はそのような事情をすべて飲み込んだ上で、自らを藤原不比等の三女とした「父」の想いを受け止めて、系図上の造作を自らのものとして自署したのではあるまいか？

それが、あの力強い「藤三娘」の筆跡に籠められた彼女の意志を語っているようにみえるのである。

補記1　犬と稲作と水族

伊藤清司は「犬と穀物」(『論集　日本文化の起源』第二巻　民族学Ⅰ（一九七一年刊）に収載）において、犬の穀物（稲を含む）将来説話が中国江南および西南部に集中的に見出される事例を拾っている。そのうち「犬と水田稲作と水族」をワンセットとする伝承として『民俗週刊』第84期（一九二九年刊、林蘭・採録）から、その概略を引用している。

天地創造のころ、神々の住むところと地上世界とは、大海によって隔てられていた。神々は荒涼たる地上に、まず草木を生やし、女媧は土をこねて人間を造り、鳥獣蟲魚をこれに配して、地上を活気づけた。しかるに、神々の期待に反して、人類と禽獣とは互いに相争い、地上は乱れた。そこで玉皇をはじめ盤古・神農らの神々が相談し、やがて神農の発議で、人類に食料として天の稲を与えることになった。そして更に、女媧の提案により、人類の伴侶として、牛・馬・犬・猫を授けることにきまり、彼等のいずれかに稲を携えさせて、地上に送ることになった。しかし、牛も馬も、そしてまた泳ぎのできない猫も、この重責に堪えられないと固辞し、結局、犬がその使命を帯びることになった。出発に先立って、犬は稲籾の上をころげまわり、全身、黄金色の籾に覆われた。こうして犬は大海を泳ぎ進んだが、山のような波浪にもまれて、浮き沈みしてゆく間に、体の籾は洗われ落ちてしまい、地上世界に泳ぎ着いたときには、その尻尾のさきのホンの少しばかりが残っているにすぎなかった。神々の世界の稲は根もとから穂先まで、一杯に実がついていたのだが、このために、その尾先の籾を蒔いて実った地上の稲は、犬の尻尾の如く、茎の先端に実るにすぎなかったのである。それはとにかく、犬のお蔭で、人類は稲米を食糧とすることができるようになった云々。

が、日本には「犬と水田稲作と水族」をワンセットとする伝承はみられないようだ。筆者（徳永）は、その代わりに河童の渡来伝承が稲と利水工事に纏わって存在することに置き換えられているとみている（三章「河童考」を参照）。加えて河童伝承には「田植えの手伝いをする」という話も含まれている。

それにもまして、ここで採り上げたいのは『日本書紀』持統称制前紀の「是歳、蛇と犬と相交めり。俄ありて倶に死ぬ」の記述である。これについて室伏志畔は、「犬」は南船系倭国王統のトーテムであり、「蛇」は同じく南船系出自の出雲国のトーテムであって、集団稲作をもたらした南船系出自の倭国と出雲国とを倶に滅ぼしたのが、北馬系集団であること。その南船系倭国を曳く大海人皇子とかつての出雲王朝に繋がる物部系大氏らが大和において再興した南船系王統である天武朝ではあったが、天武天皇の崩御後に大津皇子を処刑し天武体制の転覆を図った故天智・持統・藤原氏ら旧・倭国皇統による仕業だったことの寓意である、と喝破してみせた。

筆者はこの寓意とともに、日本各地に伝えられている「犬鳴」伝承を付け加えたい。「犬鳴」伝承とは、猟師に連れられた犬が眠っていた猟師を大蛇が襲おうとしているのを見て鳴き吠えたところ、猟師がうるさいといって犬の首を刎ねた。が、飛んだ犬の首が大蛇を噛み切って猟師を救ったというものである。つまり、これは犬と蛇がともに死んだという文脈からは、先の持統称制前紀の寓意と同工異曲とみなしても間違いではあるまい。

◎第五章

浪速の河童たち

1　はじめに

河童伝承として残る話が水族に因むものであることはもはや説明するまでもないだろう。彼らは妖怪でも動物でもなく、我々と同じ人間なのであり、さらに言えば、この国の古代に王権を底辺で支えていた民草だったのである。彼らは特殊な技能を有する集団であったことから、庶民が厭うような職に就き、またその特殊な技能故に庶民をして畏怖させるような心的存在へと変容せしめられたのである。

2　摂津・浪速の瑞竜禅寺と鉄眼和尚について

『摂津名所図会』巻之三に「滋雲山瑞竜禅寺」の項がある。摂津国西成郡難波村の北端にあり、禅宗黄檗派。同寺は初め「邑支配*」の薬師寺であったが、寛文十年（1670）、鉄眼（鉄元とも）が止住し、延宝四年（1676）に滋雲山瑞竜禅寺を建立、同六年に黄檗末寺となる。

＊図会作者の表現で、檀家制度のことを指す。

鉄眼（1630～82）の経歴については『瑞竜禅寺鉄元和尚行実録』に詳しく記されている。略記すると、寛永年間（1624～43）に肥後国益城郡佐伯に生まれる。父は浄信（本願寺末の住持）、母は某氏。鉄眼、仏学向上の心強く入洛するも、名声高き黄檗・隠元和尚が支那・福建より東渡して長崎に寓するを聴きて、老師の下に参禅す。後日、老師が摂津・富田の普門寺に移ったのに応じて、鉄眼も普門寺に移る。さらに隠元が幕府より山城国・宇治の地を拝領し、黄檗山万福寺を建立したのに伴って、鉄眼も万福寺に登り、隠元の直弟子である木庵和尚（後に万福寺二世）の下で学ぶ。その後は冒頭に記したように、摂津・難波村に滋雲山瑞竜禅寺を建立している。

さて鉄眼といえば「鉄眼の一切経」で著名である。一切経とは経・律・論の三蔵、全仏教経典のことで、当時は漢訳本であった。一切経の蔵版を思い立った鉄眼は各地を勧進行脚して必要な資金を確保するが、天下は飢餓に陥ったので勧進で集めた全ての資金を庶民の救済のために放出した。そこで再び勧進すると数年で蔵版の資金が集まるが、五穀が不熟で餓死が多く、またも勧進の金を施行に尽くした。さらに三回目の勧進によってようやく一切経の蔵版と印刷が成就した。

この「鉄眼の一切経」は六万枚に上る版木が宇治・万福寺の宝蔵院に保管されており、現在も手刷りで印刷されている。因みに、この版木に彫られた書体が「明朝体」であり、版木は「一行二〇字×二〇行」で現在の原稿用紙の原型となるものとされる。

鉄眼本人の誠実さを筆者は疑うものではないが、一切経に纏わる逸話はいかにも仏教的高僧伝めいて誇張と美談でできすぎている。ここはちょっと距離をおいてみるのが学問的態度というものであろう。鉄眼が黄檗宗師として難波の瑞竜禅寺に居したことについては、また別の側面（裏事情）があったとみることができるのではないか。以下は、筆者が幻視する鉄眼像である。

3　隠元の東渡

その前に、江戸期に黄檗宗が日本に齎された事情について、背景を少し整理しておきたい。当時中国では満洲・女真族が台頭して明国（1368〜）を圧倒、一六四四年には明国が滅亡した。これに伴って漢人の日本への亡命が長崎を主に相次いでいたことがある。

声望高き隠元（姓は林氏。1592〜1673）の東渡は、長崎・興福寺の住持・逸然性融*を中心に、長崎通事（林仁兵衛を含む）や唐三ケ寺（興福寺、福済寺、崇福寺）の檀越らが再三再四請啓したのを受けたものである。

＊浙江省杭州の出身、正保元年（1644）長崎に渡来。

順治《(明国暦)》十一年・承応《(日本国暦)》三年（1654）六月、六十三歳の隠元は意を決して厦門《アモイ》を出帆し、七月、長崎に着岸、興福寺に進んだ。随従した者は総勢三十人に及んだ（うち数名は隠元の無事渡海を見届けるための海路同伴者で、翌年帰国している）。

当時は四代将軍・家綱が襲職して三年後で、徳川一代〜三代の武断政治から文治政治への転換を模索していた時期であった。[1]

（註1）三代将軍・家光が慶安四年（1651）四月二十日に薨去、七月二十三日に由比正雪の謀反計画が露見（正雪は七月二十六日に自刃）、八月十八日、四代・家綱に将軍宣下されている。

4　国家鎮護としての宗教政策

ところで、国家権力・為政者というものは、統治のための人心収攬術として宗教の効能を経験で学んできた。

歴史を紐解けば、仏教が九州北部に公伝[2]されて以降、大和に王権が移動してからは南都仏教が隆盛する。桓武天皇は平安京に遷都すると密教（天台・真言）の宣揚に努める。

鎌倉・室町期には、政権を握った武士による自力救済の禅宗（主に臨済禅）が主流となる。

一方、戦乱の不安や生活苦にあえぐ民衆の心の遣り場のなさの中で新たに浄土宗、時宗、浄土真宗、日蓮宗が興る。そうした文脈でみれば、織田信長による外来の耶蘇教への興味も既存支配層の打破という観点から有効視されたとも解釈できよう。

そして戦国時代が終わり、徳川家による江戸幕府が始まると、その統治策として宗教においても新たな装いが求められてきた。特に徳川（松平）氏は草創期に一向宗（浄土真宗）の民衆反乱に手を焼いており、これを封じ込める対策が必要であった。

その現れの一つが、家康による本願寺教団の東西両派への分断統治であった。前述したように徳川一代〜三代の武断政治を経て、文治主義への模索が始まる中においても、一向宗への警戒心は潜在していた。そうした頃に隠元の東渡があったのである。

隠元は当初、長崎でその徳を慕ってくる者との応接に止まっていた。日本の禅僧の一部からは隠元を京都・花園の妙心寺に迎えようとの動きがあったが、内部対立で実現しなかった。そのような中で、竜渓宗潜らが摂津・富田の普門寺に隠元を迎えようと幕府方に働きかけ、隠元一行らは明暦元年（1655）九月、富田の普門寺に入った。

隠元がこの富田の普門寺に留めおかれたことは暗示的である。

というのも、摂津・富田の浄土真宗寺院である本照寺は、後に富田御坊として畿内を中心に全国の被差別部落寺院からの上納金を本主・本願寺へ吸い上げる窓口機関的役割を果たしていた。事実、明暦元年十一月、親鸞の祥月に当たって普門寺近くの一向宗寺院の門徒ら数千人が普門寺に乱入している。

（註2）歴史教科書等では大和朝廷一元史観から仏教の公伝を近畿とする。しかし筆者は、かつて倭国の中心権力が九州北部に存在したこと、そこに教到年間（531～535、『二中歴』）に、百済より仏教が公伝したとする兼川晋『百済の王統と日本の古代』の見解に同意する。

5　隠元、宇治に万福寺開山

さて、竜渓らは隠元を日本に引き留めることを素志としており、明暦三年（1657）七月、幕府は普門寺に対して毎月扶持米十五石を支給する（『徳川実紀』『慶瑞寺文書』）。さらに万治元年（1658）九月には竜渓らは隠元一行を江戸に入府させた。十一月一日、隠元は竜渓・禿翁・通事一人を伴って登城し、将軍・家綱に謁見している。江戸滞在七十日、幕閣等とも交流しながら隠元一行は十二月十四日に普門寺に帰った。

隠元は当初、東渡三年後には故国・古黄檗に帰る心算であった。ところが、老師を慕う僧らの懇請黙し難く、かつ将軍・家綱より「日本に留まり、寺地を授ける」との内意が伝えられたこともあって、隠元は仏法を異邦に興隆する決心を定め、宇治に万福寺を建立し新・黄檗宗の開祖となった。

幕府側の思惑としては、先に述べたように武家の仏法（臨済禅）としての新ファッションである黄檗宗を取り入れること（特に一向宗対策として）と、あるいは明国の先進技術・知識を吸収する意図があったともいえるだろう（当時、日本は実質的に鎖国政策）。

6　戴曼公と疱瘡医術

ところで隠元の東渡の前年（1653年）、長崎に亡命した人物に戴曼公（浙江省杭州の出身、1596〜1672）がいる。明朝に仕官した後、「隠れ医術」を業としていた。儒学・医術を学んだが、隠元の東渡を聴き、興福寺にて得度し、「独立性易」と名乗った。書画等にも優れた多才の人物で、隠元の摂津・普門寺行きに随行しただけでなく、江戸行きにも従っている。

戴曼公の足跡等については、それなりの研究もあるようだが、ここでは隠元との絡みで筆者の仮説を提示したい。まず、簡単な年表を作ってみる。

1653年　戴曼公（57才）、長崎で帰化。
1654年　7月　隠元（63才）が長崎に東渡。　将軍・家綱、14才。
　12月　戴曼公、隠元に請うて得度。「独立性易」を名乗る。
1655年　9月　隠元、摂津・普門寺に入る。（戴曼公も同行）
1656年　3月　将軍・家綱、疱瘡に罹患か？
　4月　将軍・家綱、快然。
1657年　7月　隠元の普門寺に毎月扶持米15石。
1658年　4月　新院（明正院）御所、疱瘡快然。
　6月　千代姫君（家光息女、尾張光友・室）、平産
　9月　隠元、江戸湯島・天沢寺に入る。（戴曼公も同行）
　11月　隠元（67才）、将軍・家綱（18

才）に謁見。
12月　隠元、普門寺に帰着。
1660年　4月　　右馬頭殿（綱吉）、疱瘡平愈？
12月　幕府、隠元に宇治・大和田の地を提供。
1661年　8月　隠元、宇治に黄檗山万福寺を開基。

この年表に沿って整理し直すと、一六五五年九月六日、隠元（六四才）が摂津・富田の普門寺に入った当時、四代将軍・家綱は一五才。翌一六五六年三月二九日、将軍・家綱は疱瘡に罹るも（『永井家文書』170参照）、四月一六日には快然す（同前・176）。翌一六五七年七月、幕府は隠元の普門寺に毎月扶持米として一五石を供す。

翌一六五八年四月一三日、新院（明正院）御所が疱瘡に罹るも快然す（同前・183）。同年九月、隠元（六七才）は江戸に上り、一一月一日、将軍・家綱（一八才）に謁見す。翌々一六六〇年四月二二日には、右馬頭殿（綱吉）が疱瘡に罹るも早速平愈す（同前・187）。同年一二月二八日、幕府は隠元に宇治・大和田の地を提供し、翌一六六一年八月、隠元は宇治に黄檗山万福寺を開基、となる。

このように時系列で見てみると、隠元の東渡、特に普門寺への入寺以降六年間に、将軍家周辺では三人の疱瘡（？）罹患があり、いずれも平癒している。

筆者は、これら年表の上下の記事の対応を恣意的に解釈するつもりはない。が、疱瘡と隠元への厚遇にはなんらかの関係があるのでがないかと勘繰るのは歴史探偵者のなせる業《わざ》か。あるいは酒井邦嘉のいう「仮説・検証型」科学研究（仮説→検討→着想→検証）に不可欠の過程であろう。

『重修本草綱目啓蒙』（一八四四年刊）には、隠元が「疱瘡ヲ軽クスル禁呪ヲセシコトアル」との記述がある。筆者はこの記述をもって、隠元が江戸に入府する前から「疱瘡禁呪」を遠隔コントロールすることで将軍家の疱瘡を直した、とするつもりはない。また隠元が江戸滞在時に右馬頭殿（綱吉）の疱瘡治療に当たったという記録もない。

では何故、『重修本草綱目啓蒙』に隠元が「疱瘡ヲ軽クスル禁呪ヲセシコトアル」との記述があり、少なくともそのような伝承が残ったかである。

筆者は、これには戴曼公の事績が背景にあるのでは、と仮定してみる。もちろん戴曼公が将軍家に接したという記録はない。が、戴曼公は医術に通じ、『痘疹百死伝』『痘科鍵口訣方論』など疱瘡治療に関する著書を残した研究者でもあったのである。

一六五九年に病を得て一旦、長崎に戻るが、一六六二年（六七才）からは日本各地を行脚しながら医業に専念、とりわけ疱瘡の治療で知られた。それらの治療実践の成功が、その後の隠元の盛名とともに霊験あらたかな隠元の事績の一つとして紛れ込み、定着していったのではないか、と考える。

疱瘡は「天然痘」の名で世界に怖れられた伝染病（感染症）であるが、ジェンナーによる牛痘による種痘が発明される（一七九六年）より前に治療法がなかったわけではない。それは人痘種痘法（人の天然痘を種痘する）で、東洋では患者の着物を着せたり、痘痂《かさぶた》を鼻に吸い込む方法（鼻乾苗法）がとられ、トルコから欧州には痘漿《うみ》を腕に擦り込む方法が伝わっている。しかし、これらの人痘種痘法は軽症で免疫が得られた場合はよいが、時には新たな天然痘の流行源となる危険もあった。日本では延享元年（1744）、長崎で初めて人痘種痘が行われたとされる（『天然痘ゼロへの道』エーザイ発行）。

が、前述したように戴曼公が一六五三年に来日しており、周防・吉川家の臣、池田正直（1597~1677）に天然痘治療の秘法を伝授したとされている。これが日本での人痘種痘の嚆矢だったのではないか。

鼻乾苗法（出典：『天然痘ゼロへの道』）

因みに延享元年（１７４４）、長崎で初めて人痘種痘が行われたとされるが、これは同年に清人・李仁山が長崎に渡来し、長崎奉行の命で肥州大村領内の大浦で妓女二十人に人痘種痘を試みたとされるものである。*

＊筆者はここにも遊女が犠牲神に連なるものと位置付けられていることを感得するが、どうであろうか。

7　鉄眼と瑞竜禅寺

幕府と黄檗宗との関係が前述のようなものであったとすれば、宇治・万福寺の開基・隠元の直弟子の一人で後に同寺二世となる木庵性瑫に師事した鉄眼が、浪速の元・薬師寺に止住したことをどう考えるかである。のちに黄檗末寺となる瑞竜禅寺を単にあてがわれたというようなものではなかったろうぐらいの推測はつこうというものである。元の薬師寺が同地の邑支配に与っていたことからいっても、その地の民草を支配する統治機関の役割を担っていたことは容易に想到されよう。

鉄眼の父が本願寺末寺の僧であったことも意味深長である。また、のちに鉄眼が一切経の蔵版のために三度も各地へ勧進行脚したこと自体、幕府の密命を帯びた偵察活動を兼ねてのものではなかったか。

さて、鉄眼にあてがわれた難波村北端にある瑞竜禅寺に近接する地こそが渡辺村であり、同地は浪花最大の被差別部落であった（難波・渡辺）。当時、渡辺村は皮革および皮革製品の一大生産・流通拠点で、播磨国・市川沿いの高木村や摂津国・武庫川沿いの萩原・火打村などに原皮を供給していたことは他でも少し触れている。[*]現在地（浪速・渡辺）はかつての難波・渡辺の少し南にあり、「太鼓」等の皮革製品の販売・供給地である。

＊近刊『不実考』第七章「外道幻想の歴史性について」に収載する「萩原考」を参照。

8　摂津・渡辺について

摂津・渡辺村の歴史は古い。NHKテレビ総合「日本人のおなまえっ！」でも取り上げられていたが、平安時代以前の本拠は旧・淀川（現在、大阪市内の大川）の河口付近で、「渡辺の津」と呼ばれ茅渟海（現・大阪湾）に旧・淀川が流れ込む水運交通の要地であった。

当然ながら「渡辺」の地名は遠洋航海に携わる水運業者や、近距離の「渡し守」などが集う場所に因んだものである。そのルーツ（の一つ）を言えば、遠く中国・江南からやってきた水族である。何故なら「渡辺姓（渡辺党）」の特徴の一つが、なべて一字「名」であることが傍証になろう。＊周知のように大陸・中国の

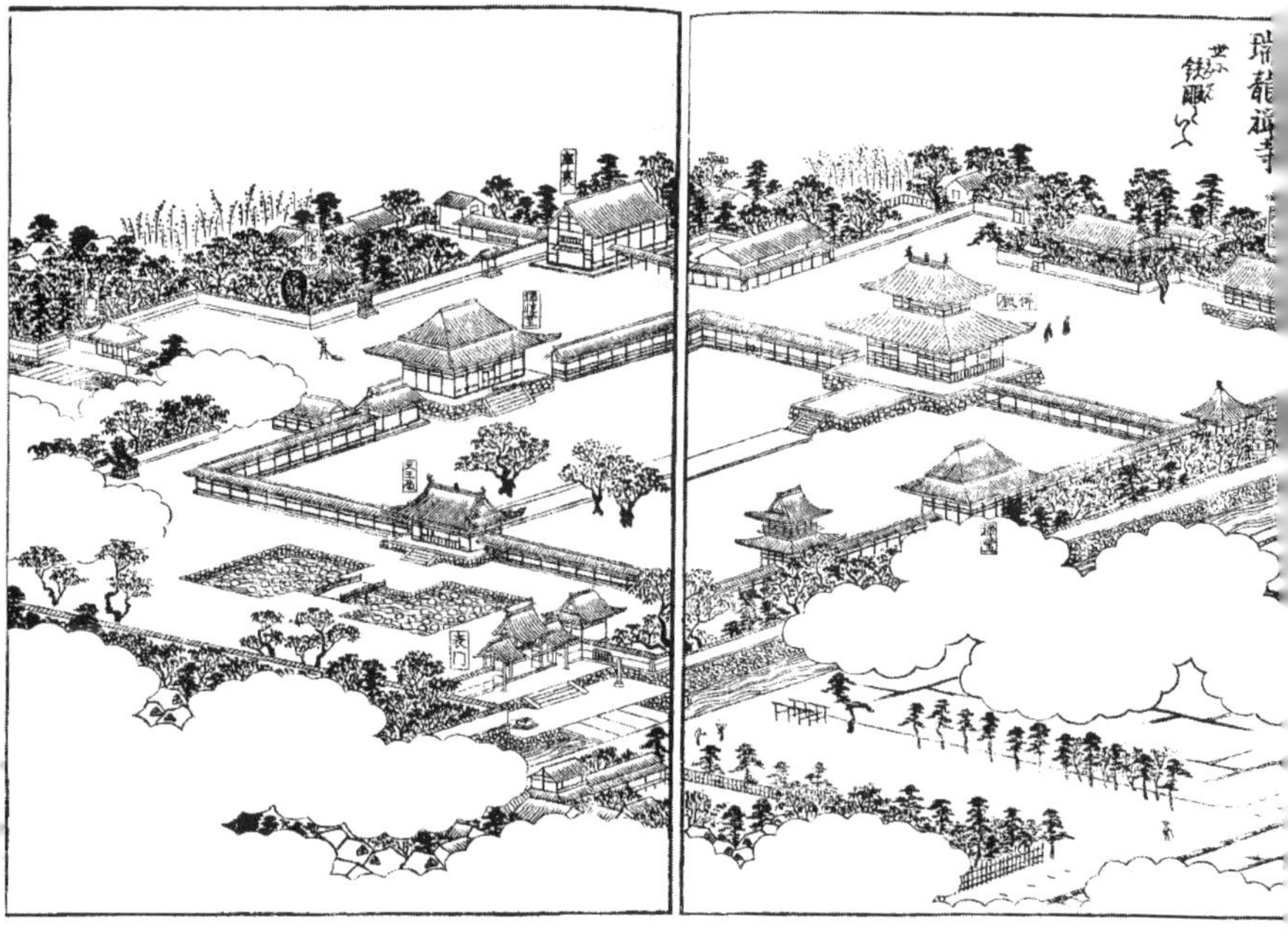

難波瑞竜禅寺（出典：摂津名所図会）

人名には一字「名」とする人が今でも多い。昨今、日本では理由も分からず、生まれた子供に夫婦の好みで一字「名」を付けるご時世が背景にあってか、NHKのTV番組ではこの点についての説明は一切なかった。

＊「補記1　渡辺党の周辺」を参照。

ここで江戸時代の渡辺村の推移について簡単に整理してみよう。[2] 地図にもあるように、①から②への強制移転の一つとして坐摩《いかすり》神社の移動があるほか、数箇所へ分散されている。

その後、元和年間（1615〜1624）に③の地に集住したのが難波村の渡辺（現・浪速区幸町）である。近くには演芸場として賑わう道頓堀がある一方、千日前の火葬場・墓地もあり、それらに関連する仕事に従事する者も多くいたであろう。そのような場所の近くに鉄眼の瑞竜禅寺が堂宇を構えたことになる。

『摂津名所図会』中に描かれた「難波瑞竜禅寺」は都市部にあって広大な敷地を有していたことが分かるが、それは取りも直さず同寺が幕府から庇護され、周辺の民草を監視する役割を担っていたことを雄弁に物語るものだろう。

元禄十一年（1698）に難波・渡辺村は幕府の御用地になり、その替地として④野江（現・大阪市城東区）に移転。さらに⑤西成郡七反嶋に替地が命じられた。しかし野江、七反嶋の地はいずれも湿地帯であったため、元禄十四年（1701）、渡辺村の住民は⑥木津村への移住が決定し、「堂面」という字名の新田を中心とする一万三千坪の土地が最終的な居住地となる（現・浪速区浪速）。

さて渡辺村の移転地とされた野江、七反嶋は湿地帯であり、最終的な移住先である木津村でも新田開発がおこなわれている。このことは、幕府からの移住命令が単に治安・政治上の理由から「町中から郊外へ」として選定されたのではなく、かつての水族の末裔として用水土木・水田開発の技術を持つ渡辺村住民の労役をもって治水・水田の開発・整備に当たらせたとみることができよう。因みに野江（現・

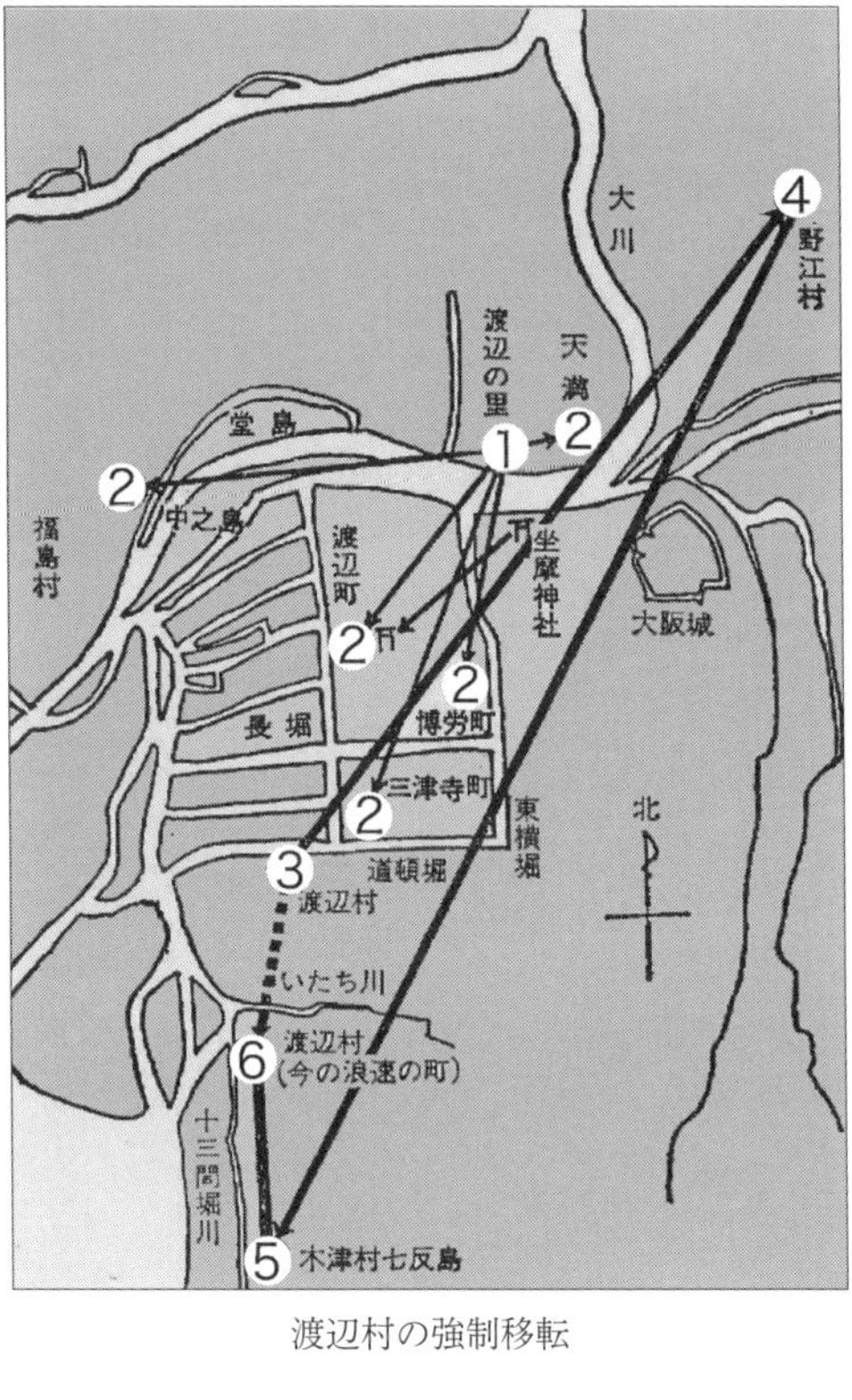

渡辺村の強制移転

大阪市城東区）には鎮守の水神社（野江神社）が祀られており、祭神は弥都波能売神である。

（註2）渡辺村の強制移転については『渡辺・西浜・浪速』「浪速部落の歴史」編纂委員会編を参考にした。

9　河内湖の干拓工事

元々、旧河内国の地形は紀元前二五〇〇年頃までは入海（河内湾）であった。それが旧大和川や淀川からの土砂の堆積によって河内潟となり、さらに紀元前後には上町台地の北側の海に砂や礫や土砂が堆積して潟の出口を狭めて河内湖となった（『大阪府史』参照）。以後も大小の河川からの土砂堆積と干拓によって平野部が拡大したが、多くは低湿地であった。

この河内湖時代の干拓を担ったのがニギハヤヒ系[3]配下の水族であったと筆者は考える。それは旧河内湖のエリアに残る人名（凡河内直、額田部湯坐連、阿刀連）・地名（渋川、跡部）・神社名（式内社の石切劔箭命神社、渋川神社、跡部神社、樟本神社）等から伺える。

また、その後に河内国に入った橘氏一族（の後裔）は、後述する旭神社の『橘島庄両社縁起』の樋祭にあるように、灌漑用水の整備に当たっていたことが伺える。

なお『平野区誌』によれば、「橘島」の地名初見は延久四年（1072）太政官牒（石清水文書）に、石清水八幡領の庄園三十四箇所の一つとして「渋条橘島里」があり、河内国渋川郡・旧大和川本流の長瀬川と平野川に挟まれた地域が、古くに「橘島」と呼ばれたようである。

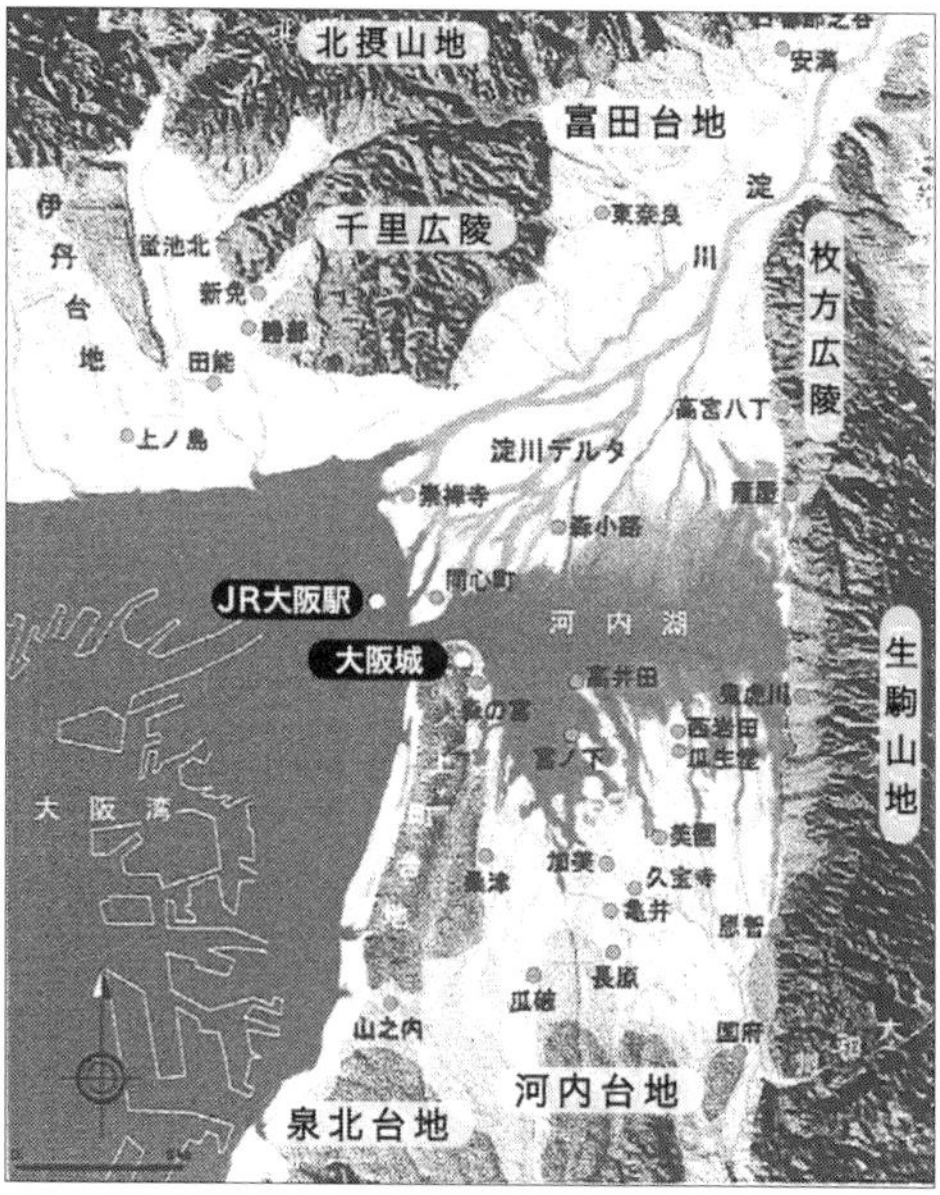

河内平野の古地形

その地名の由来については二説ある。一つは奈良時代後期、称徳天皇の由義宮近くにあった竜華寺（跡地は大阪府八尾市陽光園付近に比定）に因むもので、「竜華」に「立花」を宛て、それが「橘」になったとする。

もう一つは大阪市平野区加美正覚寺に鎮座する旭神社の『橘島庄両社縁起』が記す伝承に基づく。天平勝宝六年（754）八月、風雨が止まず、八幡神の神託に従って大和国と河内国の国境から櫛笥と橘を流したところ、橘は渋川郡加美郷の川中の島に止まったので、その島を「橘の小島」と名付け、そこに（若宮）八幡宮を勧請したとする。八幡宮は水禍を防ぐ宮として、また雨乞いの神として信仰を集めた。縁起には平安時代に加美郷の村老が霊夢を受け、平野川から田畑に水を引く水口として「橘樋」を設けたことで、毎年正月に豊作を祈願する樋祭がおこなわれていることが記されている。

若尾五雄『黄金と百足』では、旭八幡神社の宮司によるとして、橘の枝が止まったところに「橘井堰」があることから、分流をつくって水を断つ、その入り口（鼻、ハナ）を「タツハナ」といい「竜華」とも書く、とする。因みに旭神社の軒瓦は「橘紋」である。

『日本書紀』仁徳天皇十一年十月条には、天皇が茨田堤《まむたのつつみ》を築くにあたって、武蔵人・強頸《こはくび》と河内人・茨田連衫子《ころものこ》に河伯を祭らせる話が出てくる。

強頸は水に没りて死ぬことによって堤（強頸断間《こはくびのたえま》。岩波大系本・頭注では『摂津志』「東生郡絶間池在千林村」を曳いて現在の大阪市旭区千林町に比定）を完成させるが、一方の茨田連衫子は匏ふたつをもって河伯に対し、「これらを沈めたならば自ら入水するが、沈まなければ偽神とみなして入水しない」と言い放つ。結果、匏は沈まず、衫子は入水することなく堤（衫子断間。同じく『河内志』「茨田郡太間村」を曳いて現在の大阪府寝屋川市太間に比定）を完成させた。

これは武蔵人・強頸が自らの入水と引き換えに堤を完成させるという古代（犠牲）信仰を負っていたのに対し、河内人・茨田連衫子は合理的精神で築堤技術を有していたことを物語っている。岩波大系本・頭注は茨田連衫子を『新撰姓氏録』河内皇別の「茨田宿禰、多朝臣同祖、彦八井耳命之後也、男野現宿禰、仁徳天皇御代、造茨田堤」に宛てている。が、私見では第三章「河童考」で記したように、『新撰姓氏録』未定雑姓・左京部に「茨田真人。渟中倉太珠敷天皇（諡敏達）孫。大俣王乃後也」があることから、この茨田氏族は「敏達―難波―大俣―栗隈―美奴―橘」の系譜に連なる可能性も考えられると思う。あるいは利水工事に長けた江南からの呉人である『新撰姓氏録』河内国諸蕃の「茨田勝。出自呉国王孫晧之後。意富加牟枳君也。大鷦鷯天皇（諡仁徳）御世。賜居地於茨田邑。因為茨田勝」とみるべきであろうか。

（註3）記紀は、神武が東征する前にはニギハヤヒが長髄彦とともに大和を統治していた、とする。しかし筆者は、神武東征とは、博多湾岸に降臨したニニギ系集団の傍流分派がニギハヤヒらの豊の領域に侵攻した歴史事実を、記紀編纂段階での倭国解体―日本国誕

生という権力構造の大転換に合わせて潤色したものとする大芝英雄や室伏志畔らの見解に同意する。神武らの侵攻によって豊を追われたニギハヤヒらは、新天地を求めて旧河内湖領域へと東遷した。

10　瑞竜禅寺と河童

瑞竜禅寺には「河童」と「人魚」と「龍」のミイラが伝わっている。現在は一般公開されていないが、二〇〇〇年、福岡、神戸、京都、岐阜での「大妖怪展」、二〇〇四年には川崎市の「日本の幻獣展」で公開された。

二〇〇六年七月六日、私が訪れた時の住職の妻君の話では、先の戦災で瑞竜禅寺が焼失した際、唯一残った小屋にあったものとされる。寺の古文書類はすべて焼失し、「河童のミイラ」等についての資料もないとのこと。なんとなく戦後のドサクサ時代の臭いがするが、一説ではそれらのミイラは元和二年（１６８２）堺の豪商・万代四郎兵衛が中国から輸入して寄進したとも、堺の浜に漂着したものともされる。

『妖怪の本』（学習研究社、一九九九年刊）に「河童」と「人魚」と「龍」のミイラの写真として掲載されているが、私見では、瑞竜禅寺は前述したように旧・千日前の火葬場・墓地に近く、また旧・渡辺役人村（難波幸町）との関連も想定されることから、畸形児で生まれた子供を弔ったものか、漁師の網にかかった怪魚だったのではないかと考える。

11　陸に上がった河童たち

「河童」と呼ばれた水族たちの職掌は本来的には「水」に関わるもの、例えば渡し守、船乗り、漁師、筏師、川筋者（沖仲）、人足等であったが、陸に上がった彼等は「医薬」にも携わった。内科としては薬草採取から始まる本草学に基づく施術、外科としては整骨治療である。

多岐に亘る河童伝承の中でも「河童薬」「河童接骨」などはこのような文脈の中で理解されるべきものであろう。例えば、接骨に因む伝承の中には相撲と関連するものが多くあるが、これは「関節技」に対する知見を有するが故であろう。

『摂津名所図会大成』を見ると、奇しくも難波村には諸国に名立たる整骨療治家が居を構え、浪花市中はもとより遠近から治療を求めて順番を待つ者が列をなす様子が描かれている。

同書の「整骨療治家」の項には次のような記述がある。

「當村（難波村）ニあり。筋骨の損じ違ひたるを治療す。其術に妙を得たるが故に此地に至って全快せずといふことなし。故に諸国にきこへて名物とす。凡其治療の家四軒あり。東より第一を奥田といひ、第二を石谷といふ。大道條の東側なるを年梅

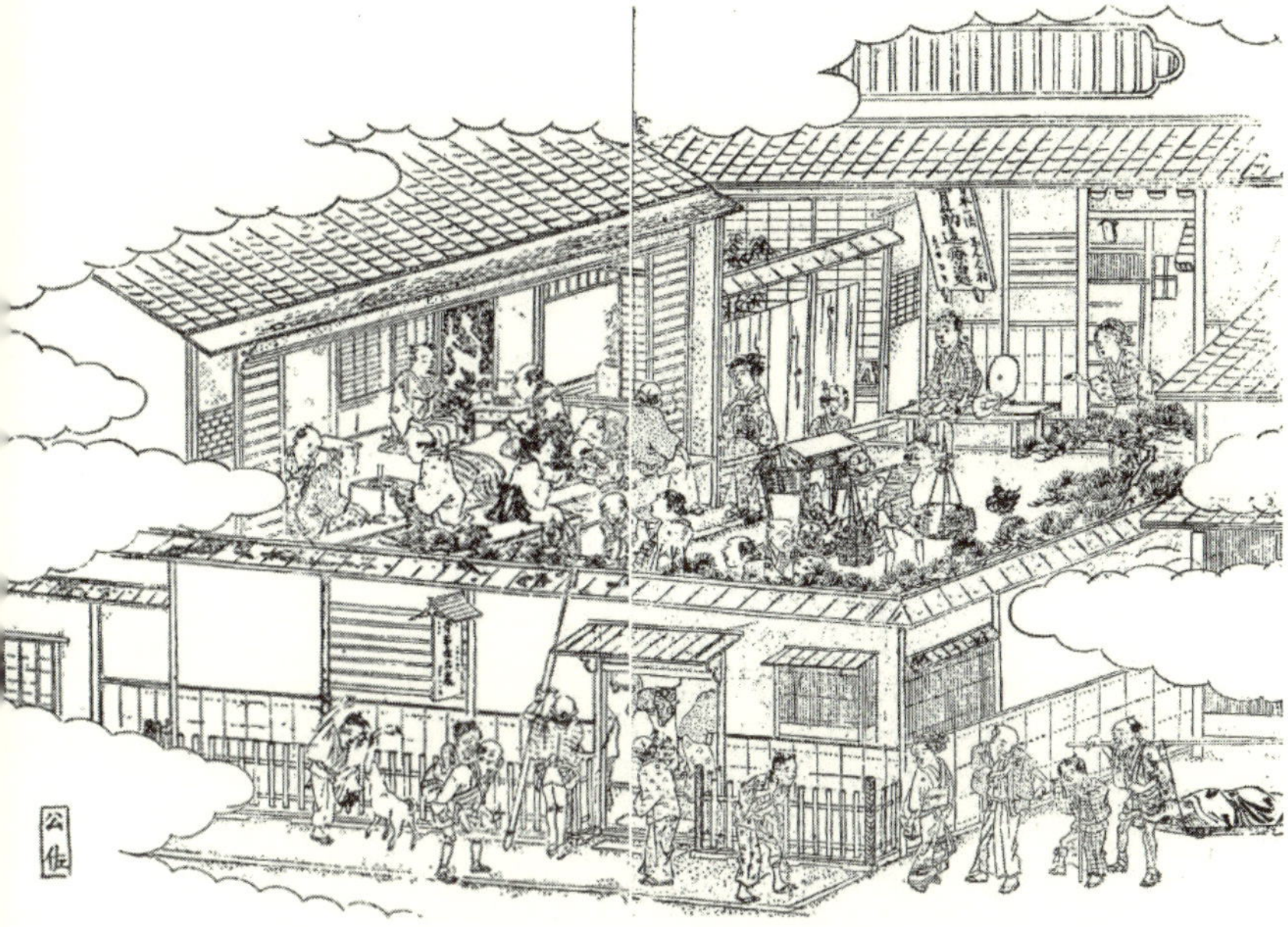

難波整骨家（出典：摂津名所図会）

といひ、同西側なるを角堂といふ。いづれも整骨の法にくわしきが故に早天より療治を受るもの雲霞のごとし。又日下久悦といへるに整骨の妙薬ありて遠近よりこれを求ること多し」

また同書に描かれた「難波整骨家」のエトキ文*には「難波の骨接ハ土地の名物のごとく世俗言傳へて遠近より来ること夥し。原来其治療に精しく海内無雙の妙を得たりと聞ゆさる程に未明の頃より駕釣臺をかきこみ、或ハ遠国より滞留の怪我人、草鞋がけにて珍跛引たるハ近在の農夫なるべし。浪花市中の貴賤老若ハいふも更なり。おのおの番札を求めて療治の順を待もの、席上に充満して庭前に市をなす事間断なし。別けて其中に脚首括った角力取、利腕巻た俳優、突指した哥奴、段梯子すべった仲居なんど一際目にたつものぞかし」とある。

＊今日の権利意識に照らして不適切な表現もあるが、歴史的資料に鑑み、そのまま掲載した。

もちろん整骨療治家の全てが名望家であったわけではなく、その周辺にはさして上手くもない無名の施術者も数多くいたであろう。つまり、かつて江南の地から水族としてやってきて水田耕作地の開発や河川整備等の国土保全、さらには民衆の生活に欠かせないさまざまの労役を担ってきた彼ら河童たちの一部は、江戸期においては幕府の新仏教イデオロギーである黄檗宗の宗徒によって監視の対象に成り下がるという苦衷の中で生計を維持するほかない運命に置かれた。それは歴史の皮肉というより、歴史の忘失によるものであろう。

補記1　渡辺党の周辺

「渡辺」に纏わる伝承は数多い。「渡辺綱」はさておいて、「渡辺の津」周辺（旧・大阪市東区石町、大阪市中央区石町）には豊臣秀吉が大坂城を築城する前までは延喜式内社「坐摩《いかすり》神社」が鎮座していた。神功皇后伝承もある。坐摩神社は大坂城築城（1583～1590）に伴って、坐摩神を奉戴する渡辺の一部の人々とともに旧・大阪市東区渡辺町（現・大阪市中央区久太郎町四丁目）に遷座した。今でも旧地には坐摩神社の御旅所がある。

興味深いのは坐摩神社の五十七代目の宮司・渡辺清音氏に戦後、水谷慶一が会って、宮司から数えて四代前の曽祖父まで都下《つげ》の姓を名乗っていたことを聞き出していること。また、坐摩神社に仕える童女には必ず都下国造の娘を充てていたことである（谷川健一・金達寿の対談『地名の古代史・近畿編』による）。このことに関しては、近刊『不実考』の「抜箭天皇考」も参照いただければと思う。

渡辺氏の系図は、一般的には嵯峨天皇の皇子・皇女八人（信、弘、常、明、貞姫、潔姫、全姫、善姫）が臣籍降下して源姓を名乗ったことに始まるとされる*（『類聚三代格』第十七巻に詔。及び『新撰姓氏録』左京皇別上・源朝臣の項）。

＊なお坂本太郎・平野邦雄監修『日本古代氏族人名辞典』には、嵯峨天皇の皇子で源姓朝臣とするものとして他に「融・勤」「生」「定」「啓」を挙げている。系譜上の混乱か、あるいは実名の「諱（いみな）」と別名の「字（あざな）」との混同によるものであろうか。

また『尊卑分脈』には「嵯峨天皇―源融―昇―仕―宛―綱」及び「仁明天皇―源光―賢―敦―綱（渡辺流）」とある（太田亮・著、丹羽基二・編『新編　姓氏家系辞書』）。

嵯峨天皇の皇子が臣籍降下し、初めて「源姓」を名乗ったということは、嵯峨の父である桓武、並びにその血族の源（＝出自）が、一字名の中国大陸の北馬系集団に遡ることを暗示したものであろう[1]。

ところで、源融は嵯峨天皇と大原全子との子で、仁明天皇の養子となった嵯峨一世源氏である。左大臣にまで至るも藤原良房・基経らの権勢に阻まれ、自らは河原院の邸宅などで風流と文雅に浸る他なかった。融の母「大原全子」は決して卑母ではなかったにもかかわらず、である。

ここで「大原氏族」について見ると、『新撰姓氏録』では諸蕃中、左京「大原史、漢人西姓令貴之後也」。右京「大原史、出自漢人木姓阿留素、西姓令貴也」。摂津「大原史、漢人出自西姓令貴也」とあり、これらの「大原史」の中からは承和三年（836）以降に「大原宿禰」の姓を賜うことになる。例えば『続日本後紀』承和三年閏五月条に「右京人左衛門権少

志大原史河麻呂、改史賜宿禰、河麻呂之先、百済国人也」。『日本三代実録』貞観五年九月条に「右京人主計権少属従八位上大原史弘原、内膳令史従七位上大原史廣永等、賜姓宿禰、其先出自後漢孝霊皇帝之後麗王也」とみえる（太田亮著・丹羽基二編『新編　姓氏家系辞書』、及び坂本太郎・平野邦夫監修『日本古代氏族人名辞典』を参照）。

一方、皇別では『続日本紀』天平十一年四月条に、「詔に曰く」として従四位上高安王等に「大原真人」の姓を賜う、とある。『本朝皇胤招運録』には天武天皇の皇子・長親王の孫である高安王及び其弟・櫻井王に「大原真人」の姓を賜う、とみえる。なお『新撰姓氏録』の左京諸蕃に「大原真人、出自諡敏達孫百済王也、続日本紀合」とある。

これらを仮に『日本書紀』等に当て嵌めながら整理すれば、敏達―彦人大兄―舒明―天武―長親王―川内王―高安王・櫻井王・門部王、となる。

このうち『新撰姓氏録』が指す「大原真人＝敏達天皇の孫・百済王」とは舒明天皇のことである。これは舒明紀に、百済川の側に「百済大宮」と「百済大寺」を建て、「百済宮」で崩じた際におこなわれた殯が「百済の大殯」と記されていることによっても一致しよう。

つまり、いずれの「大原氏族」についても渡来系氏族であることは明らかなのである。

さて源融の母「大原全子」である。桓武天皇は文武に亘って蕃人の登用を積極的に図っており、そこには蕃人との婚姻関係も多く存したことから、嵯峨天皇が「大原真人全子」との間に、融を儲けたとしても不思議なことではない。

また別の観点から「大原全子」について幻視してみよう。想像を逞くすれば、「大原*」とは（出雲系）大（＝王＝多）氏の腹（＝原）のことでもある。が、とっくに皇統（＋藤原氏）によって征服された出雲系多氏の末裔であった。

＊「大原」については第六章「シダラ神考」を参照のこと。さらにその淵源を幻視すれば、大陸・江南の地に及ぼう。

とはいえ、出雲系多氏の血脈がまったく途絶えたわけではなく、まだ文化面においては隠然たる勢威を保持していた。例えば、太安万侶は奈良時代に苦衷の転向を余儀なくされたが、その子孫の多人長は、平安時代に改作された『日本紀』の講義を弘仁三年（812）におこなっている（『日本後紀』に記す。つまり嵯峨天皇の即位後、三年に当たる）。また、桓武天皇は外祖母である出雲系土師真妹一族の要望を入れて、大枝（後に大江）・秋篠・菅原への改姓を認めている。

さらに元慶八年（884）、源融がその後裔である文章博士・菅原道真らを召したこと。道真は宇多・醍醐天皇の下で才腕を揮い、右大臣として藤原氏を掣肘するまでの影響力を保った。

藤原氏の権力に屈した菅原道真が後に「怨霊神」として怖れられる存在となったのは、河原院・源融の存在と左程かけ離れた関係ではなかったからではないか。源融が宇多上皇に取り憑いた「怨霊」として語られたことにも、その類縁性が指摘できるが、それもこれも融の母が出雲系「大原」氏であったことによるとみたい。

因みに『大鏡』には、陽成天皇の譲位で皇位を巡っての論争に際し、源融が「いかがは。ちかき皇胤をたづねば、融らもはべるは」と主張して皇位を伺ったことに、摂政・基経が「源氏に臣籍降下してただ人になった者が即位した例はない」と退けた話が記されているのも、融の血脈についての並々ならぬ自負を語っているものであろう。

もっとも陽成天皇の後継に時康親王（光孝天皇）を推した基経ではあるが、その三年後には光孝天皇の後継に第七皇子の源定省を親王に復して皇太子となし、宇多天皇として践祚・即位させている。この基経のふるまいは、政治は時の権力者の都合・解釈によって如何様にも処しうる好例でもある。

あるいは源融（通称「河原の左大臣」）には『江談抄』等に怪異な出来事が記されていることは措くとして、その邸宅・河原院に陸奥の塩釜を模したものを造らせ、毎日難波の浦から潮を二十石ずつ汲んで、池まで運ばせ、そこで塩を焼かせたので辺りに煙が立ちこめた、という話が伝えられている。ここには後の水族としての渡辺党との繋がりを暗示させるものがある。

渡辺姓にして一字名を持つ氏族が百済系桓武―嵯峨皇統の血脈に淵源するとするならば「北馬系」としなければならないが、彼ら氏族自体はあくまで水族を使役する支配者側であって、水族自体は本来的には「南船系」に出自をもつ被支配層である。

（註1）三国・西晋・五胡十六国時代を経て華北を統一したのが鮮卑族の拓跋氏が興した北魏で、第三代の太武帝（拓抜燾）は同族に「源氏」を名乗らせている。『魏書』源賀伝には、北魏・太武帝の源賀への言葉として「卿《そなた》は朕と源同じきなり。事に因りて姓を分つ。今、源氏と為すべし」とある。

さらに第七代・孝文帝（拓跋宏）は鮮卑族の漢化政策を進め、北魏宗室の姓を「拓跋」から「元」に改姓している（『魏書』高祖紀第七下に「二十年春正月丁卯。詔改姓爲元氏」、及び『北史』帝紀巻三、高祖孝文帝の項に「二十年正月丁卯。詔改姓元氏」）。

この「元」氏は「源」氏と通音・通意するのではないか。福永光司は『馬の文化と船の文化』において、北魏と日本の年号・皇帝諡号・制度には、平城京・聖武・嵯峨・天平・神亀など多くの共通がみられる、と指摘している。

◎第六章

シダラ神考

1　志多良神の上洛騒ぎ

大阪府下、茨木市および高槻市の地方史である『茨木市史』『高槻市史』には、古代から中世への移行期である十世紀中葉に突然、「シダラ神」と称する正体不明の神が登場し、民衆の騒然たる運動として世上の耳目を集めた、ことが記されている。この「シダラ神」については戸田芳美他・編『日本民衆の歴史』並びに戸田芳美『日本領主制成立史の研究』にも取り上げられている。いずれも典拠を主に『本朝世紀』によっていて、内容に大きな差はない。以下に概略を紹介する。*

*『本朝世紀』の当該箇所は章末に参考として掲載する。

所謂、平将門の乱（９３５〜９４０）および藤原純友の乱（９３９〜９４１）が鎮圧されて間もない朱雀帝治下の天慶八年（９４５）の初秋、洛中では「東西より諸神入京す」

との流言が広まった。神の名は志多羅《しだら》神、小藺笠《こいがさ》神、八面神と得体の知れないものばかりだった。ほどなくしてその流言は摂津国の山陽道を平安京に向かって東上する数基の神輿と、それを取り巻き囲む群衆の熱狂となって現実のものとなった。

第一報は摂津国豊島郡司からだった。「摂津国言上解文」によると、同年七月二十五日の朝、豊島郡の西の河辺郡のほうから「志多良《しだら》神」と称する神輿三基が豊島郡に入ってきたというものである。

第一の神輿には「自在天神」(1)という額が取り付けられていた。神輿を担いで群衆が昼夜なく踊り歩き、翌日には東の島下郡に向かう一方で、別の神輿三基が河辺郡の児屋寺（昆陽寺）に送られてい

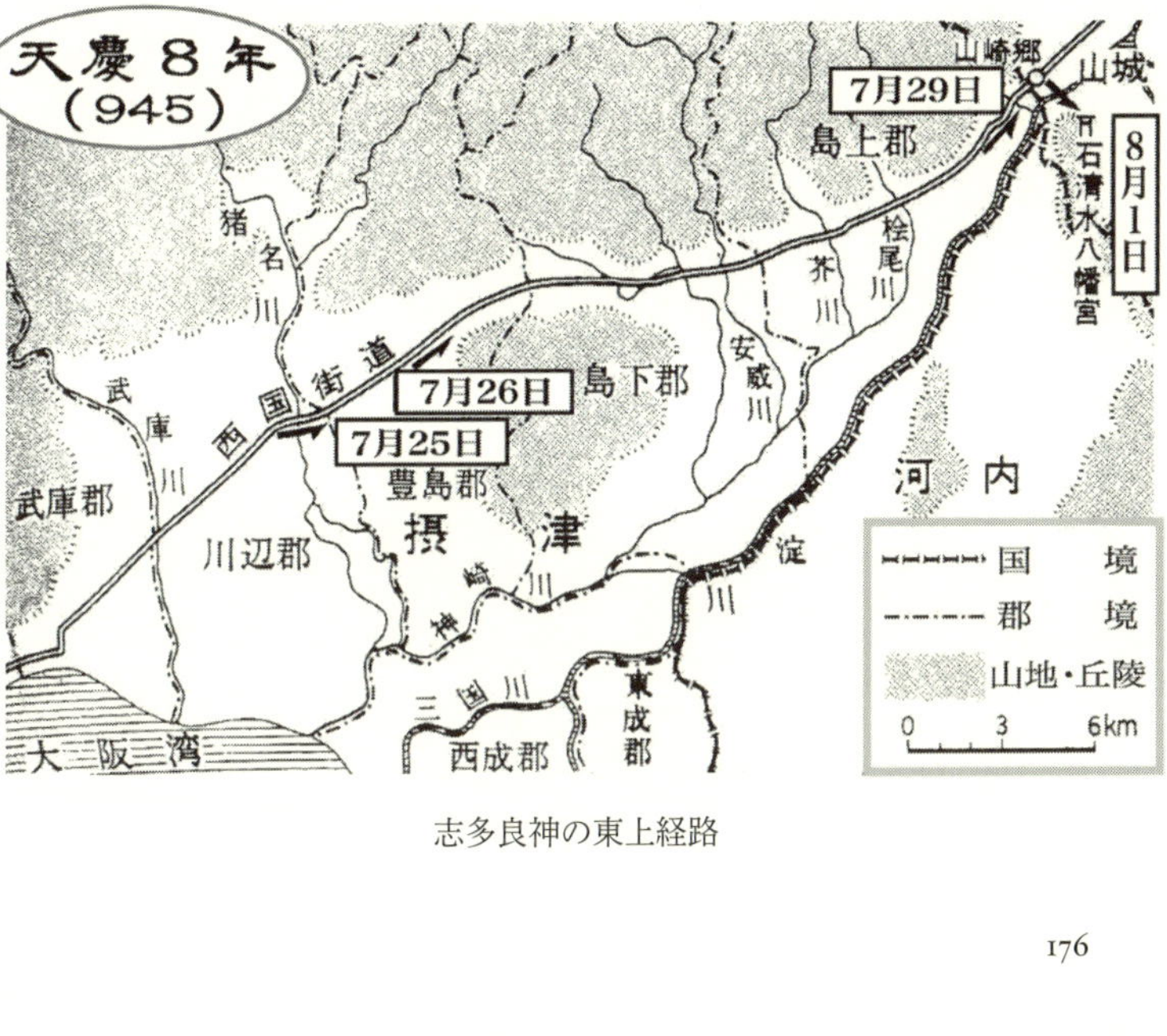

志多良神の東上経路

った。

「解文」には志多良神が何処から来たかの記述はないが、『高槻市史』は『吏部王記』（醍醐天皇の皇子・重明親王の日記）を曳いて「志多良神は九州の筑紫から村送りによって山陽道を通ってきた疫神（御霊）」との説を紹介している。

また別の報告「八幡宮言上解文」によると、三日後の二十九日の夕刻に神輿六基と数千万人（数千～数万人）が摂津と山城の国境を越えて乙訓郡山崎郷に入った。その夜、一人の女が神がかりになって「吾は早く石清水宮に参らむ」などと述べたので、翌八月一日の朝、淀川を越えて石清水八幡宮へ六基の神輿をかつぎこんだ。この時、中心となる神輿の名は「宇佐宮八幡大菩薩御社」に変わっていた。

「八幡宮言上解文」には、石清水八幡宮に入った群衆が神輿を取り巻いて歌い踊った「童謡」六首が記録されている（以下は『高槻市史』掲載の読み下しによる）。

月は笠着る　八幡は種蒔く　いざ我等は　荒田開かむ
しだら打てと*　神は宣まふ　打つ我等が　命千歳
しだら米　早買はば　酒盛れば　その酒　富める始めぞ
しだら打てば　牛は湧ききぬ　鞍打ち敷け　さ米負はせむ

反　歌

朝より　蔭は蔭れど　雨やは降る　さ米こそ降れ
富は揺み来ぬ　富は鎖懸け　揺み来ぬ　宅儲けよ　煙儲けよ　さて我等は　千年栄えて

これらの「童謡」からは、律令制下の隷属的な労働から、自らの力によって農業生産の向上をめざしていこうとする民衆の力強い息吹きと自信が感じられる。

＊特に「童謡」第二・三・四首中にある「しだら」の語彙は、田地を耕す際に鍬を下に打ちおろす行為を指すものと解される。

なお、山崎での女の託宣について『高槻市史』は「志多良神の入京を阻止しようとする権力側の策略であろう」と指摘している。

そこには古代律令国家の揺らぎと、民衆運動を利用した支配権力層内部での確執が表面化した時代の行きづまりをも看取することができよう。

(註1) 第七章「外道の源流」でも少し触れるが、「自在天神」と「(北野) 天満宮」は共に「第六天魔王」のことである。「天満」とは「(第六) 天魔 (王)」であることは古信研

が夙に指摘してきたことである。

2　紀伊・広八幡宮の「しっぱら踊り」

『紀伊国名所図会』後編・巻之四「八幡宮」（現在の広八幡宮）の項に、「シッパラ」という興味深い雨乞い踊りのことが記されている。そこでは「シッパラ」とは「シダラ」の古言であるとして、前節で紹介した「志多良神」を取り巻いた民衆が歌った童謡「しだら打てと神は宣まふ　打つ我等が　命千歳　したらめ」が引用されている。

その他にもいくつか事例を挙げながら「薩摩国平聞神社の祭に、氏子等圍堯して、手を下げて拍子をうつ踊あり。其誦歌にしたらうちといふ語あり。是等を合わせて其さまを考ふるに、志多良は即手を垂らして、掌を拍つ事なるをしるべし」と説明している。

なお柳田國男は『石神問答』の中で、神代史に所見のない雑神の一つに「シダラ」を取り上げたものの、理解不能としている。

筆者もいくつか「しだら」の用例を調べてみた。『皇大神宮年中行事』に「志太良とは手を叩く也」とあるなど「しだら打ち」とは前述の説明にもあるように「手を下げて拍子をうつ」所作をいうようであるが、外道信仰学的見地からはそれにとどまらない。つまり「手を下げて拍子をうつ」箇所は「シッパラ」すなはち「下腹」であり、ずばりそれは「リンガ」切りの擬きなのである。

そこで連想されるのが、『古事記』の大国主神の国譲りにおける事代主神の服従の場面である。「即ち其の船を蹈み傾けて、天の逆手を青柴垣に打ち成して、隠りき」と記されているくだりの「天の逆手」のことである。岩波大系本の頭註では、これを呪術の一種とだけ簡単に記すが、具体的にどういう呪術なのかの説明には及んでいない。

私見では、この事代主神の「天逆手」こそが「しだら打ち」の所作なのであり、「リンガ」切りの擬きによる天孫族を根絶やしにせんとする呪術行為なのである。

「しだら」「シッパラ」「下腹」の語彙が出てきたところで、ここで脱線気味ではあるがパーリ語の「namuci-bala」（和訳で「魔 - 軍」）とサンスクリット語の「aṭavi-pāla」（和訳で「林住族 - 軍」）を紹介しよう。

日本への外道信仰の流入が仏教公伝より相当に早いことは了解してもらえることと思う。しかし少なくとも現存する文献成立の以前のことであることから、その時期を特定することはまず不可能である。別の箇所でも指摘したが、日本列島は地理的にユーラシア大陸の各地と太平洋の島々から民草が流れ着く吹き溜まりに位置することから、筆者は日本語を特定の言語（例えばインド‐ドラヴィダ系）に一元化する考えを取らない。が、その古層のある部分にはインド‐パーリ語系の語彙が混入していると見る。

その露頭の一つが「namuci-bala」である。和訳で「魔‐軍」*とされるのは、「namuci」（ナムチ）が出雲神話における「大国主神」の別名の一つ「オオ‐ナムチ」の「ナムチ」に該当するからである。侵略した側の天孫・皇孫族が、先住の民草の王のことをそう呼んだとしても何ら不自然ではない。オオは彼らから見ての王であり、「オオ」と「ナムチ」の語彙を接続させるのは、同意味の異言語・異文化を表現する場合に古代人（特に雑種人の集積地である日本において）が常用してきた。それは彼らにとって謂わば翻訳辞書の機能を有するものであり、これが後には枕詞へと変容したと想定されよう。

＊「魔」の語自体が「王」の意でもある。

またパーリ語の「bala」（バラ）はサンスクリット語の「pāla」（パーラ）に相当し、こちらは和語では表音で「はら」、表意で「腹」を意味する。

この「腹」は、同じ女性の腹から生まれた者を「同胞（はらから）」と呼ぶように、パーリ語・梵語で「軍」等の意、とするのも同義である。このパーリ語の「bala」（バラ）は平安時代の『源氏物語』では「御子どもの殿ばら」や「わかんどほりばら」という表現に残っている。

3　相撲における外道信仰的側面

ところで『日本書紀』神代上・第五段一書第六では、黄泉の国の醜女に追われたイザナギが投げたまふた褌から「開囓神」が生まれたとするくだりがある。*その「褌」について岩波大系本では「はかま」と訓じて「ハカマは穿く裳（も）の古形。腰と脚とを覆う、今の股引（ももひき）のようなもの」と注解しているが、ここは端的に「ふんどし」のことである。いかにもクサイものには触れたくないというアカデミズムの心性が本能的に表れているようで、おかしい。「ふんどし」とは古名で「たふさぎ」のことで、「た」とは「戸（と）」と同様リンガのことであり、男根を隠すための下着であることは容易に想像されよう。

＊第一章「蜻蛉考」の［5］を参照。

所謂、相撲における「まわし」と同じであるが、外道信仰学的見地からいえば「たふさぎ」は単に男根を隠すためではなく、「切られたるリンガ」*（梵語でマーラ mara、和名でマラ）を隠すための意、を内包している。

＊第七章「外道の源流」の「補記1」を参照）。

相撲の力士（malla）といえば、胸乳が垂れ下がってぽっちゃりとした「布袋」のような姿が思い浮かぶが、これはリンガを切られた男性＝「変性女子」の特徴である。このことはまた、リンガを切断することによって大力を発揮するとの古代外道信仰による（ここでは例証を挙げないが、民間伝承等における「大力説話」等の背景となっている）。

荒唐無稽の戯言と渋面の向きには、一つだけヒントを差し上げておこう。大相撲では土俵祭りの最後に「埋め物の儀」があり、土俵の中央に空けられた穴に神饌が納められる。この埋め物は本来、『祭式教本』の地鎮祭の鎮物「鉄人像」「鉄鏡」「刀子」を踏まえてのものとみられることである。このうちの「刀子」は奈良時代には種々の美しい拵えをつけて装束の帯に佩用した小刀であるが、元は古代巫女の抜箭刀のことであり、後世、武人の妻が持つ懐剣へと変容したと考えられる。

さて回り道をしたが、本節で相撲について

双身毘沙門天像（出典：真鍋俊照『邪教・立川流』）

触れたのは他でもない、現在の大相撲の仕切りにおいて「手を下げて拍子をうつ」所作が、前節で述べた「しだら打ち」と通底すると筆者は考えるからである（言うまでもないことだが、相撲は神事を背景としている）。また神社・神主によっては拝礼の所作に似たようなものがある。（神社参拝の所作として「二礼二拍一礼」があるが、これは明治期になって定められたものである）。さらには仏教図像の内、京都府・浄瑠璃寺の双身毘沙門天像（前頁）には「しだら打ち」そのものと思われる印が結ばれている。

4　枝垂樹について

「枝垂樹」とは文字通り枝が下に垂れ下がった木のことで、「しだれ」は「下垂れ（したたれ）」が約まった言葉である。枝垂樹には枝垂れ桜や枝垂れ柳など数多くあるが、特に枝垂れ松は神霊の依る処として能舞台の正面奥に描かれる。

この「しだれ」は「下垂れ」の約言であることからも判るように、端的にいって「インポテンツ*」を意味する。勿論、「シダラ神」もその本質は同様である。

*ここでは割愛するが、「しだれ」に関して取り上げておかねばならないのが「抜箭天皇」のことである。近刊『不実考』の「抜箭天皇考」で論ずることにする。

5　宗祇と「シダラ」

東常縁から悉皆伝授を受けた「古今伝授*」の継承者として、宗祇が著名である。が、その生涯については不明なところが多い。とともに、なによりも「古今伝授」自体について近代以降この方、一知半解な解釈しか行われておらず、その実体・本質が如何ようのものであったか霧の彼方に漂うかのようである。私見では「古今伝授」なるものの本質には「外道信仰」の核心部分が流入していると考える。

そうした中で興味深いのは、宗祇に関わる「したら」という謎の人物の存在である。室町末期の連歌師、里村紹巴（一五二七〜一六〇二）の『源氏物語抄』の序に「宗祇　定家卿御本の御流をゆかしく思われて、志多良と云ひし人にあひ申され　青表紙伝授して後　猶不審を一条禅閤御所にきはめて、三条西殿へ講釈申さるる（後略）」と、ある。昌琢の新式講釈にも「したら」の名が出てくる。

つまり宗祇にとっては、いわば源氏学の最初の師は「したら」であるようだが、『源氏物語抄』の注記に「奉公の人也」とあるだけで、全く不明の人物であることは「古今伝授」に相応しいと云えるし、本「シダラ神考」で多少なりとも明らかにしてきた外道信仰とも接点を持つ人物として把え直すべきであろう。

＊近刊『不実考』の「割礼考」を参照。

6　三河国・設楽郡の河童

延喜三年（９０３）八月、三河国に宝飫郡の北半を割いて「設楽郡」が分置された。同年二月、菅原道真が大宰府にて薨去してから半年後のことである。

地図を見れば分かるが、同地は豊川河口から遡行したところで民俗学上は「奥三河の花祭」として著名な地域である。私見では、そこはかつて採鉱・採草（薬草）で分け入った水族たちが定着したところで、地域の民俗の古層にはそれら水族たちの文化が関わるとみている。

土着した地で水族たちは先住民との間で緊張関係を伴いつつも共存を図ろうとしたのではないか。それが、同地に多く伝わる「河童と住民とに関わる蓼汁伝承」の核心であろう。

最後にその伝承の一つを紹介して本稿を閉じることにする。

「（前略）同じ北設楽郡の振草村小林にも大谷地といふ旧家があって、屋敷の下を流れる振草川にスミドン淵といふ淵があつたが、此淵のカハランベ（川童）も毎年田植の手伝いに来たり、又膳椀を貸してくれたりした。此辺でゴンゲノボウと称する田植祝の日には、姿こそ見えなかったが、昔から上座へ一人前の膳をするゐる例になって居た。後に此家の者がそれを煩わしく思ふようになって、或年のゴンゲノボウに馳走の中に蓼をまぜて置いた。川童はそれを喰って、おお辛おお辛と叫びながら、谷を転がって振草川に落ちて行ったが、それ以来淵は浅くなり、某旧家も何かにつけて不仕合せが続いて、衰微してしまったと伝へて居る。（後略）」（柳田國男『竜宮小僧』、早川孝太郎採録より）

［参考］『本朝世紀第一』（『高槻市史』）所収分

『本朝世紀』は鳥羽上皇の命により、信西（藤原通憲）が編纂。成立は1150～59年。宇多天皇の877年以降、近衛天皇（在位1141～56年）までを対象とする。現存するのは一部である。本稿で採り上げた志多羅神に関する「摂津国言上解文」と「八幡宮言上解文」の原文は、以下の通り。（　）内は『高槻市史』の注記。

摂津国言上解文

近日、（天慶八年七月二十八日）京洛之間有訛言、従東西国、諸神入京云々、或号志多羅神、或曰小藺笠神、或又称八面神、爰今日摂津国言上解文如左

摂津国司解申請官裁事

言上神輿三前指東方荷送状

右得管豊嶋郡今日廿六日解状偁、号志多良神輿三前、以今月廿五日辰剋、従河辺郡方、数百許人荷担三輿、捧幣撃鼓、歌儛羅列、来着当郡、道俗男女、貴賤老少、従彼日朝、至于明暁、会集成市、歌舞動山、以同廿六日辰剋、荷輿捧幣、歌舞如此、其所捧之物或菓及種々雑物、不可勝計、差嶋下郡進発、尋其案内、一輿者、以檜皮葺、造鳥居、文江自在天神、今二輿者、以檜葉葺、無(鳥居脱カ)永春今日巳剋到来、申云、御輿三前又哥儛、今朝担送河辺郡児屋寺者、言上如件、郡解之旨、不可不申、仍言上如件、以解

天慶八年七月廿八日

正六位上行大目池原朝臣

従五位下行守藤原朝臣文範

安□

八幡宮言上解文

(天慶八年八月三日)今日、八幡宮言上解文、是去月廿八日摂津国所言上六前神輿移座之由也、其解文在左

石清水八幡宮護国寺三綱等謹言上

以今月一日辰剋、号宇佐大菩薩□□□□□(移産神社六)所之状一所号宇佐宮八幡大菩薩御社

五度社輿、不注其名

副進付榊机案文

右今月一日、是定宮寺来十五日恒例御願御放生会色衆行事之式日也、因之所司神人等集会定政之間、件御輿自山埼郷俄移座也、捧幣帛、歌遊囲繞前後之輩数千万人也、爰三綱等驚奇参向、召其中為首之者彼郷刀禰等、問事由、即申云、以去七月廿九日酉尅許、俄自摂津国島上郡数千万人如此奉移坐也、奇恐之間、以同日亥時許、就或女等託宣云、吾は早参石清水宮と等云々者、郷々上下貴賤不催自集、所奉令移坐也者、方今奉始此宮以来、更無如此事、不可不言上、今勒事状、謹言上

天慶八年八月三日

都維那大法師

寺主大法師延栄

上座大法師慶年

其歌遊之曲、有童謡六首

月笠着留、八幡種蒔久、伊佐我等は荒田開无

志多良打天止神は宣末不、打我等加命千歳

志多良米早河は酒盛波、其酒富る始女會

志多良打は牛は和支支奴、鞍打敷介佐米負せ无

反哥

朝与利蔭和蔭礼止雨やは降る佐米古會降礼

冨は由須み支奴、冨は鏁懸由須み支奴、宅儲与烟儲与、佐天我等は千年栄天

◎第七章

外道の源流

1　はじめに

本章では「外道」というあまり聞きなれない言葉について、その基礎的な事項について紹介する。「外道」の在り様等については、本書の各章で展開しているのご参照願いたい。

2　インドの歴史・宗教等の概略

「外道」について考えるに当たっては、その発祥の地であるインドの歴史・宗教等の概略を押さえておいたほうがよい。教科書風に述べれば、以下の通りである（新アジア仏教史01

『仏教出現の背景』等を参照)。

①前3000~前2000年頃　インダス文明が栄える。

②前2000年頃~　アーリア人がパンジャブ地方に侵入。

③前1500年頃~　アーリア人がインド北西部に移動。『リグ・ヴェーダ』の成立。

④前1000年頃~　アーリア人がガンジス川流域に移動。自然を神格化したアーリア人の原始宗教であるバラモン教が成立(ヴェーダからサンヒータ、ブラーフマナ、古ウパニシャッド、これらにはドラヴィダ系等の先住民の習俗・信仰等も取り込まれる)。肌の色の違いによる身分制度であるヴァルナ制の成立(後にカースト制度へ移行)。

⑤前700~前400年頃　インド・バラモン教の主要流派および六派哲学の成立。*

*本章「4　インドにおける学問と外道哲学」を参照。

⑥前563~前493年頃　ゴータマ・シッダールタ(生没年には異説があり不詳。インド北部「カピラ・ヴァソツ」出自)の仏教成

立。十六大国並立時代（ガンジス川中流域にコーサラ国、下流域にマガダ国）。マガダ国のビンビサーラ王やコーサラ国のパセーナディ王、スダッタ長者らがブッダの外護者に。

⑦前500～前300年頃　第一回結集（ラージャグリハ）、第二回結集（ヴァイシャーリ）。「マハーバーラタ」「ラーナーヤナ」の原形成る。

⑧前317～前180年頃　マウリヤ朝（仏教）。チャンドラグプタ王。アショカ王（前244年、第三回結集）。

⑨前100～250年頃　サータヴァーハナ朝（バラモン教）。バラモン教に民間信仰や仏教などを吸収してヒンズー教が成立。『マヌ法典』。

⑩45～240年頃　クシャーナ朝（イラン系クシャーン人、仏教）。カニシカ王（150年頃、第四回結集、大乗仏教の確立）。ガンダーラ美術。ナーガルジュナ（龍樹）。

⑪320～550年頃　グプタ朝（仏教、ヒンズー教）。チャンドラグプタ一世。

⑫６０６〜６４７年頃　チャンドラグプタ二世（超日王）。「マハーバーラタ」「ラーナーヤナ」が現在の形に。アサンガ（無著）。グプタ美術（アジャンター・エローラ石窟寺院）。ナーランダ僧院。
ヴァルダナ朝（ヒンズー教、仏教）。ハルシャ王（戒日王）。玄奘、インド訪問。密教成立（善無畏・漢訳『大日経』、不空・漢訳『金剛頂経』）。

⑬７００〜１２５０年頃　イスラム帝国（アラブ人、イスラム教）。

⑭１２５０〜１３７０年頃　大モンゴル帝国（モンゴル系、イスラム化）。

⑮１３７０〜１５０７年　ティムール朝（トルコ系、イスラム教）。

⑯１５２６〜１８５８年　ムガル帝国（トルコ系、イスラム教・ヒンズー教）。

⑰１８７７〜１９４７年　インド帝国（実質は英国の植民地化）。

⑱１９５０年〜現在　インド連邦共和国。

いつの時代の、どのような宗教であれ、その原基には「外道信仰」なるものが存している というのが筆者の考えである。「外道の源流」とした本章では、原初の内容を保持しているような外道信仰の痕跡を古代に遡って探ってみたい。

3　インドにおける外道

漢訳仏典『聖鬮賛』巻四の一には「外道」について次のような記述がある。

梵云底躰迦　此翻外道

読み下すと、（梵語に「テイタイカ」という。これを「外道」と翻訳する。）となろうか。梵語の「thīrthaka」（ティールタカ）が「外道」を指す言葉とされているが、これは本来は「隠者」の意である。

あるいは古代インドの支配・祭祀階級である婆羅門の信仰と対立する学問・信仰諸流派を指し、その多くはアーリア人に征服されたインド土着民の民俗・慣習・信仰等が混入したものである。

たとえば『増一阿含経』では「九十六種」外道とされ、この中には仏教も含まれていた。その後、仏教が拡大・定着するにつれ外道から仏教は分離され、『摩訶止観輔行伝弘決』では外道を九十五種とする（「九十六種」外道マイナス仏教＝九十五種外道）。

のちのキリスト教などと同様、初めは異端視されていた仏教も、一旦、国家統治に便利な道具として認知されてしまえば利用勝手の良い「国教」と化し、インドのみならず中国・朝鮮・日本においても、「仏教＝内道、内教、内典、内学」、「仏教以外の諸教＝外道、外教、外典、外学」というように、内と外とに峻別されるようになる。

◎『摩訶止観』第七章「正しく止観を修す」第七節「諸見を観ぜよ」1「諸見と人法」に、「①仏法の外の外道　1　迦毘羅外道　黄頭《おうず》」。

◎『首楞厳経・義疏・注経』に、「正理に入らざるを外と名づけ、但だ邪因を修するを名づく」。

◎『資治記』に、「外道と言ふは仏陀を受けず、わけて邪法を行ふ」。

◎真言宗では、顕教諸教や聲縁二乗を指して「内の外教」、仏教以外の諸教を指して「外の外教」。

なお、仏教はその思想性からインドでは受容されなかった。バラモン教とインド国内のさまざまな思潮・民俗・慣習・信仰等とが習合し、ヒンズー教として今日に至っている。

4　インドにおける学問と外道哲学

インドの学術には一般的には五明（医方明・工巧明・声明・因明・内明）の学問区分がある。『三蔵法数』の義解、並びに井上円了『外道哲学』によれば、医方明は医術の学、工巧明は工芸の学、声明は文字の学、因明は論法の学、内明は内教（仏教）の学、である。

このうち諸哲学体系（darśana）として、代表的なものが六派哲学である。ここで六派哲学について簡単に採り上げておく*。

①samkhya サンキア（音訳・僧佉、意訳・数論）

祖は kapila カピラ（劫毘羅、前350～前250年）。

経典 samkhya-karika（後4～5世紀）、経典作者は isvara krsna イシュヴァラ・クリシュナ。

②vaisesika ヴェイセシカ（音訳・吠世史迦　衛生師、意訳・勝論）

祖はuluka ウルカ（嘔露迦。夜行仙、米斎仙とも）。経典Vaisesika-sutra（50～150年）、経典作者はkanada（迦那陀、前150～前50年）。

③yoga ヨーガ（音訳・瑜伽、意訳・三昧）

経典yoga-sutra（400～450年）、経典作者はpatanjali パタンジャリ（前200～前100年）。

④nyaya ニヤヤ（音訳・尼耶也、意訳・正理）

経典yaya-sutra（250～350年）、経典作者はgautama ガウタマ（50～150年）。

⑤mimamsa ミマンサ（音訳・弥曼差、意訳・声論）

経典mimamsa-sutra（100～200年）、経典作者はjaimini ジャイミニ（前200～前100年）。

⑥vedanta ヴェダンタ（音訳・吠檀多）

経典brahma-sutra（400～450年）、経典作者はbadarayana バダラヤナ（前一世紀）

＊教祖・経典作者の年代は不明なことが多く、参考程度にしてもらいたい。

ともあれ後世に六派（外道）哲学と称される教学は因明（論法の学）に多くの思弁を割い

ており（井上円了の『外道哲学』も同様）、外道本来の人間的な臭味（自己犠牲的行為）について触れることは少ないようだ。そうした意味では、筆者にとって文献上の考証は徒労ですらある。外道思想はむしろ、バラモンから忌避された先住民の信仰や土俗に埋没しているように筆者には想われる。

例えば宮坂宥勝は「チャンダーラの起源」として大略、以下のように述べている（『古代インドにおけるチャンダーラ』）。

・アリアン民族は五河地方に波状的に数次に亘って移住してきた当時、彼等が非アリアンの原住民族を黒色低鼻の悪魔と見做して、ダーサまたはダスユと呼んだことは『リグ・ヴェーダ聖典』にみえるところである。

・後期ヴェーダ文献ではダスユの語はほとんど認められず、新たにニシャーダ、チャンダーラ（女性名詞は「チャンダーリー」）、パウルカサなどが登場する。これらはいずれもガンジス河中流域、後には下流域地方に住していた林住種族たちに対する呼称である。

・ヴェーダ時代末期における林住種族はチャンダーラの他に、マータンガ、パウルカサ、ニシャーダ、アタヴィー、ラタカーラ、シャバラ、バッラ、キラータ、プリンダなどが認められる。

・ジャイナ教の初期経典『スーヤーガダム』にはシャバラ族、ドラヴィダ族、カリンガ族、ガンダ族、ガーンダーラ族、チャンダーラ族を挙げる。

・またカウティリヤの『アルタ・シャーストラ』には猟師族、シャバラ族、プリンダ族、チャンダーラ族、および森林遊行者を列挙する。

・かつては林住種族であった彼等は、バラモン経典によって混血族のなかに組み込まれ、アリアン民族の社会の周縁部に位置つけられた。

・かくして、チャンダーラはさまざまな最下層民を総称するものとなり、マータンガ、ムレッチャ、キラータ、シャバラ、アタヴィーも時代とともにすべてチャンダーラと同義とみられるようになる。

このように宮坂は、チャンダーラ[1]と総称される最下層民に位置付けられたインド土着民の存在を掘り起こそうとしている。

一方で、外道信仰の水脈はインド社会において伏流しており、ヒンズー教の中にもその露頭の一端が伺える。例えばシヴァ神の妃で男根狩りで怖れられた暗黒の「ドウルガー・カーリー女神」のように（因みにヒンズー教では「ドウルガー女神」の別称が「チャンダーリー」である）。

ここで私なりに「外道信仰」を整理・定義しておくと、①アーリア人のバラモン教から排除された諸思潮・習俗等であり、②その中にはアーリア人自身による思潮も含む（主として

「苦行」を特徴とする）。③それらは主にアーリア人侵攻以前の非アーリア・先住者の諸思潮・習俗等を思想化・信仰化したものであるが、結果的に宮坂宥勝のいう「林住種族」とほぼ同義の信仰である。④アーリア人のバラモン教や仏教の中にも、これら非アーリア的思潮は流入している。

つまり「外道信仰」とは本書を通じて言及してきたように「（自発的な）自己犠牲」のことであり、その典型的行為・表徴としては「ＦＧＭ（女性器切除）／ＭＧＭ＊（男性器切除）を原基とし、その変容化を含む、と指摘しておく。

＊ＦＧＭ／ＭＧＭについては近刊『不実考』に収載の「外道幻想の歴史性について」を参照。

そのような外道信仰を形而上学的世界観として表象された代表的事項を、以下に紹介しよう。

◎数論派の「二十五諦」とその影響

六派哲学の中では数論（サンキア）派が最大で、サンキアとはまさに「数を数える」の意で、分類と論理の哲学的色彩が濃い。カピラ仙を祖とする。主経典に『金七十論』。

数論派では、自性・大・我慢・五大（地・水・火・風・空）・五唯（色・声・香・味・触）・五知根（眼根・耳根・鼻根・舌根・皮根）・五作根（舌根・手根・足根・男女根・大遺

根）・心平等根・神我、の「広説二十五諦」をもって、自らの学的体系を主張する。

◎二十五聖数

サンキア派の「二十五諦」は仏典に採り入れられて「二十五有」（後述の三界（迷世界）を二十五種に分類）として観念化する。しかし、『菩薩本生鬘論』では、世尊が舎衛城の二十五人のチャンダーラの女性を他の女性とともに教化した、と「外道」臭を残してもいる。日本では、その一部は阿弥陀如来に二十五菩薩が随う（善導の『十往生経』注釈）来迎会として、奈良・当麻寺練供養、東京・浄真寺、長野・平原十念寺等に残っている。また源信による「二十五三昧説」として、臨終正念を期すべく同志二十五人との結縁を説くこととなった。その他、仏教に限らず民間信仰（例えば伊豆諸島の神津島では正月二十五日を「二十五日様」といって忌の日に当てている）にも流入している。

◎「七十五聖数」

サンキア派では「二十五諦」を世界を説明するための基本的な概念素因としたが、当時の原初的《プリミティブ》な世界像は三界（天上・地上・地下あるいは海、もしくは天人・人間・動物）として把握されていた（仏教でいう三界については後述）。そしてその「二十五諦」は、輪廻転生観からいって「天人・人間・動物」においても有するものと考えられたようである。従って「75諦×3界＝75」となり、この「七十五数*」は民俗学等の研究事象として多く現れる。

＊古信研では、この「七十五数」を数論派を淵源に持つ「外道数」と捉えている。「七十五外道数」の具体例については後述。

「七十五聖数」の観念はなにもインドやその後の中国・日本への流入に限ったものではなく、西アジアのイスラム教においても「丁寧に口を漱ぎ身を清めてからの礼拝は、清めないでする七十五回の礼拝より遥かに神を喜ばす」とのマホメットの言葉がある。

因みに記紀神話では、天照大神（天上、天地、高天原）、月読尊（日に配《なら》ぶ、夜の食国、滄海原）、素戔嗚尊（根の国、海原、天下）の三神に分治の対象を記すが、多少の混乱がある。

◎数で構成される世界像

インドにおける世界像は原初的な三界から、小乗・倶舎宗では五位七十五法とする（凝然『八宗綱要』）。

さて、大乗仏教の世界像を整理すると、迷世界（地獄界、餓鬼界、畜生界、修羅界、人間界、天上界）と悟世界（声聞界・縁覚界・菩薩界・仏界）の合計十界（二十七天）、から構成される。また、迷世界を「欲界・色界・無色界」に分けたのが三界である。

さらに六道（六趣）は通常、狭義の欲界の六道（地獄界、餓鬼界、畜生界、修羅界、人間界、天上界）を指すが、広義には「欲界・色界・無色界」をふくめた「迷世界」をいう。

また欲界には六欲天（四天王衆天、忉利天、夜摩天、兜率天、楽変化天、他化自在天*）、色界には四禅天（ここに十七天が属す）、無色界に四天（下位から順に識処天、虚空処天、無所有処天（後述するアララ・カラマが感得した境地である）、非想非非想処天（後述するウッダカ・ラーマプッタが感得した境地である））があり、合計二十七天からなる。

*これを第六天魔王とする。

さらに中国・道教に至っては、『雲笈七籤』（11世紀頃）の説では欲界・色界・無色界に加えて上四天・三清境・大羅天（元始天尊）の天界三十六天で構成されることになる。

つまり人間にとって世界像は、当初は比較的単純に認識されていたが、その後の経験や知識等によって複雑に架上され、まるでロシアのマトリョーシカ人形のように、原初の世界像を包摂する観念と世界像が思弁的に形成されるようになる。とともに、そうした観念と世界像の方が上位に位置すると、思考されるようになった。

参考までに仏像の位階は、上位から「如来・菩薩・明王・天部」の順であるが、下位の天部の多くは非アーリア系先住民が信奉した外道神格が仏教側に祀り取られたものである。

（註1）チャンダーラ（caṇḍāla、漢訳・旃陀羅《せんだら》）とは、インドの四種姓（バラモン、クシャトリア、バイシャ、スードラ）から排除されたアウトカースト（不可触民）のこと

で、『阿毘達磨大毘婆沙論』ではその職種として屠羊・養鶏・養猪・捕鳥・捕魚・遊猟・作賊・魁膾・縛竜・守獄・煮狗・婆具履迦を挙げている。仏典に登場するチャンダーラは屠殺者の謂いである。

5　ゴータマ・シッダールタの時代の外道信仰的背景とその痕跡

ゴータマ・シッダールタは、前563年に生まれて前493年頃に没したとされている。彼と同時代の修行者として、後世「六師外道」と呼ばれた人々の存在が知られている。

◎六師外道

○アジタ・ケーサカンバリン　順世派および後世のチャールヴァーカの祖。唯物論者で、人間は地・水・火・風の四元素からなる、とする。

○パクダ・カッチャーヤナ　人間は七つの要素（地・水・火・風・苦・楽・命）からなるとする。

○プラナ・カッサバ　道徳否定論者。

○マッカリ・ゴーサーラ　裸形托鉢教団アージーヴィカ教（邪命外道）の祖。決定論者。
○サンジャヤ・ベーラッティプッタ　懐疑論者。
○マハーヴィーラ（ニガンタ・ナータプッタ、本名ヴァルダマーナ）　ジャイナ教の開祖。相対論者。

◎カピラ仙

ゴータマ・シッダールタの生地は、ヒマラヤ山麓のカピラ・ヴァソツとされている。そこは雪山信仰を背景にもつ地域で、地名はカピラ仙人（数論派の祖）に因むものであろう。

ヒンズー教には次のような伝承がある。

「アヨディヤーのサガラ王の第二妃には六万人の息子がいたが、地界のカピラ仙によって灰にされてしまった。サガラ王の孫・アンシュリマットは、カピラ仙から天上の聖河ガンジスの水で叔父たちの灰が清められるなら、彼らは天国に行けると聞いた。アンシュリマットの孫・バギーラタが王位につくと、ガンジス川を地上に降下させるために苦行をおこなった。しかし、ガンジス川が地上に落下する時、受け手がいなければ大地を打ち抜くとのことで、その大役を見事に果たしたのがシヴァだった」と。

この話は、後世、ヒンズー教（シヴァ、ヴィシュヌ、ブラフマーを三大神とする）が成立した時点ではシヴァ神がカピラ仙より上位者の地位にあることを語るものである。が、裏を返せば、ヒンズー教以前の信仰・観念においてはカピラ仙が上位に位置していたことを語るものであろう。

『無垢浄光大陀羅尼経』には次のような説話が収められている。

「伽毘羅城にカピラというバラモンがいた。外道に帰依し、仏法を信じなかった。ある善相師が彼に告げた。「そなたは七日後にそなたは死ぬ」と。驚いた彼は釈尊のもとへやって来た。仏は彼に説かれた。「そなたは七日後に命終する。そして、阿鼻地獄に堕し、更に十六（大）地獄に入って、そこから出てチャンダーラの身を受け、死後に猪に生まれる。さらに人として生まれ、貧窮下賤の身となる」と。その結果、彼は仏法に帰依して救われた」と。

ここでもカピラ（外道）は釈尊（仏教）に調伏された下位の存在とされている。

◎アララ仙とウッダカ仙

ゴータマ・シッダールタの出家・修行時の師「アララ・カラマ（arala kalama）」と「ウッダカ・ラーマプッタ（udraka ramaputra）」について（以下は主として織田得能・編著『仏教大辞典』（「オダ仏」と略称）からの引用・紹介に拠る）。

釈尊が出家の際、最初に師事したとされるのがアララ・カラマである。『仏本行二十一』では「有一仙人修道之所。名阿羅邏。姓迦藍氏」とある一方、『釈迦譜一』では「有二仙人阿羅邏迦蘭」と二名の仙人に分割表示している。しかし、『涅槃経二十一』に「夜半逾城至鬱陀迦阿羅邏等大仙人所」とあるように、阿羅邏迦藍（アララ・カラマ）と鬱陀迦（ウッダカ・ラーマプッタ）とは別人である。

なお『慧琳音義二十六』に「阿羅邏此云懈怠。亦獲通定者也」とあるように、「アララ仙人」とはいわゆる「無所有処」の境地を感得した修行者のことである。『慧琳音義二十六』には「阿羅邏。阿波波。謂地獄寒苦の聲也」ともあって、アララ仙が氷蔵信仰に因むことをかすかに暗示している。

次に釈尊が師事したのがウッダカ・ラーマプッタで、「鬱頭藍弗（ウツヅランホツ）」とも記される。『慧琳音義二十六』に「鬱陀迦。古音云勝也。亦名盛也」とあるように、「非想非非想定」の境地を感得した修行者のことである。

6　外道信仰の日本への流入

日本列島への仏教伝来は、通説では百済の聖明王が欽明朝期に仏像・経典を伝えたことをもって公伝とされている。『日本書紀』では壬申説（西暦552年）、『上宮聖徳法王帝説』

および『元興寺縁起』では戊午説（538年）とする。しかし、公伝の地は通説の近畿大和ではなく、九州倭国である。なお公伝以前に仏教が私伝していたことは自明のことである。

それでは外道信仰が日本列島に齎された時期についてであるが、①一般的には仏教の私伝・公伝の前後、さほど時間を措かずに、あるいは②神道と仏教が混淆した修験道（雑密）の成立期、もしくは③密教の請来に伴っての時期、とするのが常識的な見方であろう。つまり仏教教義が優位たることを比較・確認する上で、外道信仰に対する知識も流入したとする見方である。

しかし筆者は、外道信仰（特に「北方・氷蔵信仰」）が日本列島に齎された時期は仏教伝来より遥かに早いと考える。つまり、北馬系集団の列島上陸に伴って流入したであろう、と。さらに言えば、北馬系集団の渡来以前から日本列島には外道信仰が伝播していたかもしれない、と。以下にその痕跡を探ってみよう。

①賀毗禮之高峯

『常陸風土記』久慈郡の条には「賀毗禮《かぴれ》之高峯」の名が見える。この賀毗禮之高峯は現・茨城県の「神峰山」に比定されている。

「其の社は石を以ちて垣と為し、中に種属甚多く、幷、品の寶、弓・桙・釜・器の類、皆石と成りて存れり」とする記述は、外道信仰に特有の「石化」伝承*を示す。

＊「石化」伝承が外道信仰に因むものであることについては本章「補記3「石化」伝承について」を参照。

『風土記』は和銅六年（713）の官命に基づき撰上されたものであるが、久慈郡の条に記す「賀毗禮之高峯」がいつからそのような土着語音らしからぬ名で呼ばれていたかは不明である。

ところで「賀毗禮之高峯」が茨城県の「神峰山」に比定されるとするなら、大阪府高槻市の「神峰山寺」には次のような伝承が残っている。

朱鳥十一年（696）頃、修行中の役行者が神峰山から金光が放たれていたのでやってくると、若い女が手招きしていた。役行者が女を追いかけると、そこには大きな石が残っていた。そして「私は弁財天だ。お前は九頭竜滝で修行し、毘沙門天をお祀りし供養するがよい」と、その石から聲が聴こえてきた。この石は現在、神峰山寺の門前にあり、「笈掛石」と呼ばれている」と。（三善禎司・編著『大阪伝承地誌集成』より）

このように「賀毗禮」、「神峰山」、「石化」という、いずれも外道信仰に通底する山名・伝承が残されていることを、とりあえず指摘しておきたい。

②日本霊異記

平安時代初期に成立した説話集『日本国現報善悪霊異記』下巻には、「産み生せる肉団《ししむら》の作れる女子の善を修し人を化せし縁」という題の説話が収載されている。*

*近刊『不実考』に収載の「鎖陰考」を参照。

肥後国の豊服家に生まれた奇型の女子が、聡明で尼となって人を教化するが、これを嘲弄する者には、奇蹟が生じて、命を失う。また、戒明法師と法論をして屈せず、舎利菩薩と尊称され、多くの信仰者を集めたという話である（岩波大系本の頭注による）。つまり、そこでは出家して仏門に入った「閪《しなたりくぼ》なし」女について、尼の才を嫉んで「外道」といって嬲った僧らのことが出てくる。

また、説話の末尾には「迦毘羅衛城の長

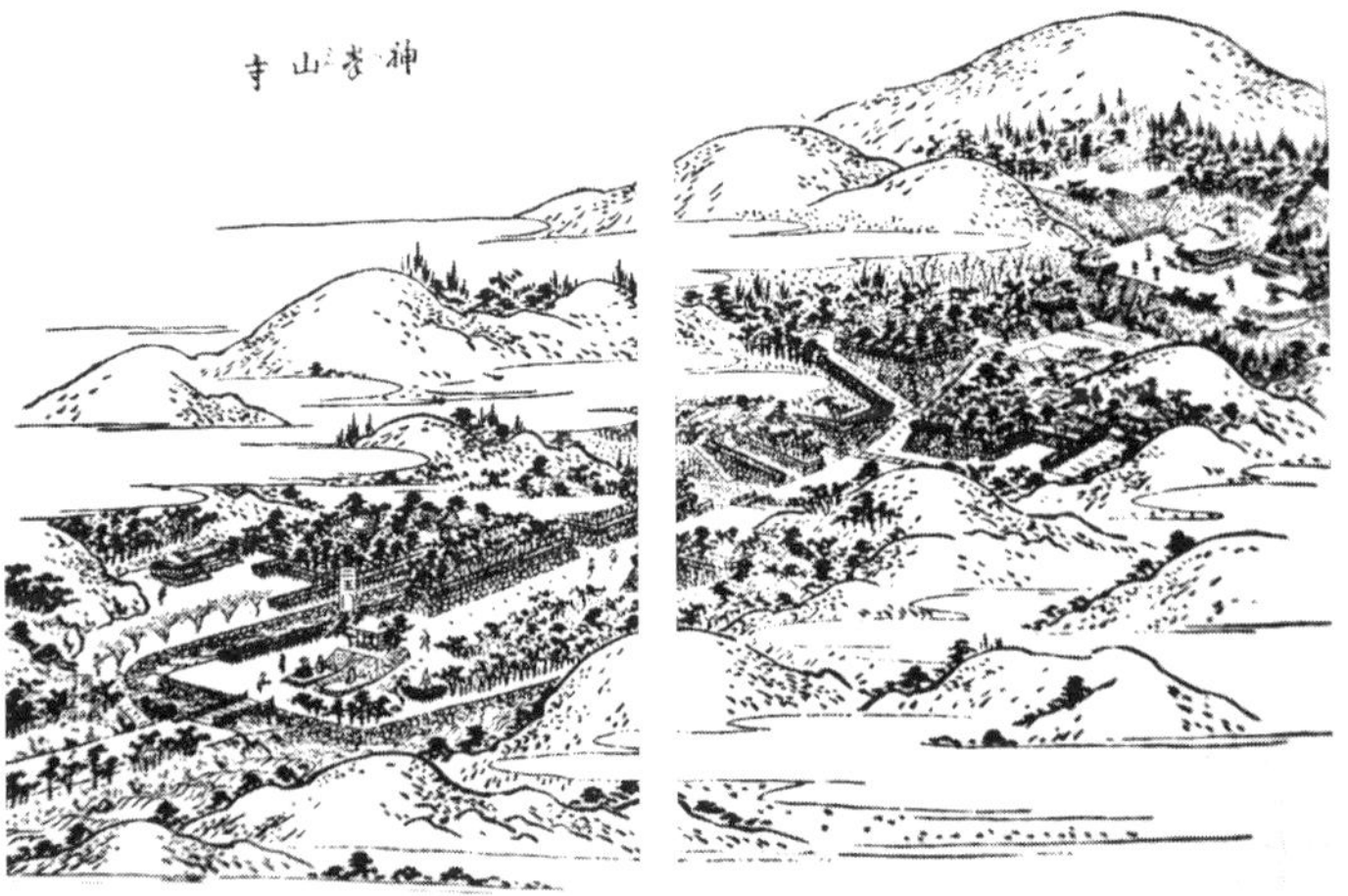

神峯山寺（出典：『摂津名所図会』）

者の妻、懐妊して一つの肉団を生み、七日の頭に到りて、肉団開敷きて百の童子有り、一時に出家して、百人倶に阿羅漢菓を得たりき」と記す。

つまり仏教成立の背景にはゴータマ・シッダールタの生地である迦毘羅衛城（現在のネパール国タライ地方）の信仰基盤（カピラ仙＝外道）が核となっていることを、この説話は物語っている。

③行基と菩提遷那の応答歌

天平勝宝四年（752）四月九日に、東大寺大仏開眼供養会が開催された。開眼師は婆羅門僧正の菩提遷那、都講は行基の弟子の景静が務めた（行基は三年余前の天平二十一年二月に卒）。ところが、源為憲『三宝絵』（永観二年＝984年）の「法宝の三」では、行基は大師（婆羅門僧正菩提遷那）を摂津国の難波の津に迎えに行き、

「（前略）舟より浜によせてをりて、たがいに手をとり、喜びゑめり。行基菩薩、まづ歌を読みて曰はく、

霊山の　釈迦のみまへに　契りてし　真如くちせず　あひみつるかな

婆羅門僧正歌を返して曰はく、

迦毗羅衛に　ともに契りし　かひありて　文殊の御貌　あひみつるかな

といひて、ともに宮こにのぼり給ひぬ。爰に知りぬ、行基は是れ文殊なりけり、と。（後

略)」と記す。

これは如何ように解すべきか。行基とバラモン僧正菩提遷那が出会ったというのは歴史的事実ではない。が、両者の間でこのような応答歌が交わされたと『三宝絵』が伝えるのは、仏陀の信仰にはその生地である迦毗羅衛の習俗、なかんづく「氷蔵信仰」*が大きな要素を占めていたということが「文殊信仰」を媒介として示されている、といえるのではないか。

＊氷蔵信仰と文殊信仰については、本書第二章「氷蔵信仰から見た「神道」」を参照。

④「七十五外道数」の具体例

真喜志きさ子『琉球天女考』では、古代日本の天神信仰に流入したインド的思想の傍証としての「七十五外道数」を、仏教、神道、修験、伝説、習俗、縁起、と多岐にわたって例示している。是非、参照してみられることをお勧めする。

本書第一章「蜻蛉考」では、『摂津名所図会』を曳いて、摂津一の宮・住吉大社で年間七十五度の行事がおこなわれていることを記して、筆者なりに「七十五外道数」を拾っている。

そうした流れの中で今日の日本でも「人の噂も七十五日」という諺が人口に膾炙しているのだろうと考えていた。ところが、ジョン・キール(白井正夫・訳)『ジャドウ　東洋の黒い魔術』を読んでいて、バグダッド遥か北方のヤジート族の聖都であるシャイク・アディでの出来事を記したくだりで、現地友人の科白として「人のウワサ、七十五日」というフレーズが出てきたことに軽い眩暈を感じたことを覚えている。

「初物を食べると七十五日、長生きする」（『辟言蹁尽』）は現在でも使われているフレーズであるし（但し、年配者）、落語の『らくだ』には死人のカンカン踊りを巡る問答に、「七十五日、寿命を延ばす」「七十五日、寿命を縮める」との科白がある。

面白いところでは、「吉原遊女は熊野午王符（誓紙）を七十五枚まで乱発してもよい」がある。

私が直接聴いたところでは、奈良県では「新郎新婦は婚儀後、七十五日間は一人で宿泊してはならない」とのこと。つまり結婚後、七十五日は浮気は厳禁である、と。

きりがないのでこのくらいにしておくが、読者の身近でそうした「七十五」を含むフレーズ（これには「七度半」などのバリエイションも含む）に出会われたら、これは数論派に因むものかもしれないとメモをしておかれることをお勧めする。

⑤「アララ・カラマ」について

アララ仙人については、『仏教文化』（平成四年九月刊）で竹内健が「わが国に於ける阿羅羅仙人信仰について―数論外道の民俗的定着の考察」として菅江真澄『雪能出羽路』に記載された「阿羅羅仙人ノ社」を手掛かりに論を進めている。

参考までに私がアララ仙人に関してその後に拾った資料を記しておくと、『略縁起集成』

中の「羽州最上村山郡外川山　仙人堂略縁起」や『日本の神々』中の「筏隊山神社」がある。

⑥「ウッダカ」について

釈尊が出家の際、最初に師事したのが前掲の阿羅邏迦藍（アララ・カラマ）であるが、二番目に師事したのが鬱陀迦（ウッダカ・ラーマプッタ）である。日本では「鬱多羅迦神（ウツタラカシン）」と称されたようで、『山城名勝志』に「大白光神。梵云鬱多羅迦神。天竺雪山神也。」という記述がある（九　高山寺紀）。

さて南都仏教の傑僧・明恵房高弁は嘉禄元年（1225）六月に、京都・栂ノ尾高山寺で初めて説戒を行った。その後、八月に仁和寺の行寛によって高山寺の鎮守が作られた。その際、白光神（天竺・雪山の神）・善妙神（新羅の神）・春日大明神の社壇に、白光神・善妙神の像が安置され、春日の神像は納められなかった、とされる。

つまり釈尊が師事したという鬱陀迦に関わっても、釈尊の生地である雪山・氷蔵信仰が背景にあることを、鎌倉時代の最高知識僧たちは承知していたということである。

⑦釈尊の修行時代と「雪山成道」説話について

宮内庁書陵部所蔵の『神社仏閣縁起集』は、近世末期に各地の寺社で刊行された縁起類を集成したものとされている。その中に江戸・泉岳寺の「日本一幅　釋迦八相曼荼羅略縁起並　講釋」がある。その八相講釋には釈尊在世以降の雑多な説話等も混入しているが、釈尊の修行時代の様子や、所謂「雪山成道」説話（『大般涅槃経』聖行品がベース）が記されている。

近世末期の刊本とはいえ本稿にも多少関わるところなので、筆者なりに要点を簡略化して抜粋・紹介する（活字刊本『略縁起集成』勉誠出版より引用）。

「第五　悉達太子檀特山にのぼり、阿羅々仙を師とし弐千五百戒を持ち、三ケ年草衣木衣を着し（中略）、伽羅々仙人を師とし三昧三無為三真如の九品を修し（中略）、師の命によりて是より雪山に入給ふ（後略）」

「第六　太子は（中略）やうやうにして雪山の法臺に着き給ふ（中略）、太子御心ニ悦び日々三業九品の勤行をなし給ふ。然るに第六天の魔王妨をなす事多し（後略）」

「第七　太子は雪山に苦行し給ふ事、すでに六年の星霜を経れども、欝陀羅摩師耶に見へ給ハず*（中略）。はるかの谷底に声あり。諸行無常是生滅法と大音に唱ふ。（中略）太子曰、あまりの偈ありや、聞かせよ。鬼の曰、われに食をあたへハ残りの二句を聞すべし。食とは汝わが口中に入て食となれ。然らハわれ汝が魂魄ニ、残りの二句を唱て聞かすべしと。太子欣然として曰く、自他一如と悟る時は何ぞ命を惜しまんと、悪鬼の口中へ飛入給へハ、不思議や口中の利き歯、たちまち八葉の蓮華と化して安座させたてまつり、生滅々已寂滅為楽と唱へて、今迄悪鬼と見へけるが毘盧遮那佛と現じ、誠はわれ鬼にあらず。御身前後十二年の戒行によって、今既に正覚成就せり、（中略）頃は十二月八日、暁の明星をいただき雪山をたち出、あまねく衆生を済度し給ふぞ有難き。あなかしこ々々」

＊「欝陀羅摩師耶に見へ給ハず」は「欝陀羅摩耶（うつたらまや）師に見（まみ）へ給ハず」の誤文であろう。

同縁起には釈尊が出家して、成道するまでの苦行時代の様子が述べられているわけであるが、注意して読むと「弐千五百戒を持ち、三ケ年草衣木衣を着し」と「七十五外道数」のバリエイションが織り込まれていることも分かる。

しかし、それよりなにより、「自他一如と悟る時は何ぞ命を惜しまん」と、自ら悪鬼の口中に飛び込む釈尊の姿を通して、他者を利する自己否定こそが正覚成就の肯定的行為とされているところに、筆者は外道信仰の真髄を見る思いがするのである。

補記1　Liṅga（リンガ）とMāra（マーラ）

Liṅga（リンガ）とは男根のことであるが、Māra（マーラ）とは切られたるリンガの隠喩であることを知る者はほとんどいない。

密教十二天の一つ羅刹天（Rākṣasa、Nairṛti）や法華経・陀羅尼品の十羅刹女が、仏教によって調伏されたかつての外道を指すとともに「魔羅切り」を含意していることは文字から明らかである。

梵語では「マラ、マーラ」には以下の六語がある。元来それぞれの発音・意味は異なるが、長期にわたる習合化の結果、これら六語のうち、①は切られたるリンガそのものを、②・③は切られたるリンガを暗喩するものとなった。④は切る側に擬せられる。⑤・⑥は①の類義語である。

① Māra　漢訳仏典で「魔羅」　抜箭リンガ
② Malla　漢訳仏典で「末羅」　力士
③ Mālā　漢訳仏典で「魔攞」　鬘

④ Māra　漢訳仏典で「摩羅」　鰐魚
⑤ mara　『梵和大辞典』で　死
⑥ mala　『梵和大辞典』で　汚物

補記2　「丶」（zhǔ）について

「玉」については「蜻蛉考」の中で少し触れたが、ここでは漢字学的見地から考えてみる。白川静の『字通』を借りれば、甲骨文字では玉を「」で表す。これは玉を紐で貫いた形に象ったもので、佩玉（腰をしめる革帯につり下げた玉）の類をいったものである。また玉の旧字は王で、王とは完全な玉のことである。玉を『設文解字』では「朽玉なり。王に従うて黠有り。（後略）」として瑕（きず）のある玉としている。

一方、王の甲骨文字は「」で、これは鉞の刃部を下にして置く形の象形で、王位を象徴する儀器とする。この字の横三本のうち、第一画と第三画の間よりも第三画と第四画の間の方が長く象られているところは、まさに鉞の刃部を下にして置いた形である。つまり「王」と「玉」とは別字として識別される一方で、玉の旧字は王ともされたのである。

これでは一見すると文意が相反すると受け取られようが、外道信仰的見地から解釈すれば納得できるのではないか。すなわち「王」の甲骨文字が鉞で表されるのは「それが武威を表す儀器とされたから」と見るのは後代の感性・認識であり、より古代においては共同体の長たる「王」は本質的には「抜箭・抜丸」王であり、それを象徴する儀器が鉞であったことによるのである。したがって「王」は「玉」であることが本来的な姿だったのである。『詩経』大雅、民労に「王欲玉女」つまり「王、女（なんじ）を玉にせんと欲す」とあることがそのことを強烈に暗示しているではないか。

なお最晩年時の白川静が『詩経雅頌2』（東洋文庫）の同文語彙の注釈で「玉」を「立派で完全なもの」としていることは前述の『字通』で引用している『設文解字』の解釈（「朽玉なり。王に従うて黠有り」、つまり瑕（きず）のある玉としていること。玉にキズ）とは矛盾するが、白川は「王」の本来的形象が「玉」であることに気付いたのであろう。日本では天皇のことを「玉体」というではないか。

もっと判りやすく述べれば、「豚」は去勢された豚のことであり、「椓刑」とは宮刑の意であるように、漢字の一画部首である「丶」はリンガを切る（抜箭、抜丸）意を表すものである。したがって「主（あるじ）」もまた古義では同様の意である。あるいは「太郎」も抜箭した大郎（長兄）のことである。

なお「丶」に関連して面白いところでは、『東海道名所図会』巨福山興国建長禅寺の項に、

「総門も額、筆者不詳、一説に寧一山、または趙子昂ともいふ。巨の字の画中に一点を加ふ。時の人これを賞美して、この額に点を加へしは百貫の価ありといふ。これより世に百貫点と称す」と記されている。ありていに言えば「巨」（勃起したリンガ）を「丶」（抜箭）することを表示したもので、臨済禅宗ならではの形象暗喩である（上の額字を参照）。

話は前後するが、「豚」が出たついでに述べておく。この動物が何故「ブタ」と呼ばれたかについて未だ明確な説明は見当たらないようだ。菅沼晃・編『インド神話伝説辞典』には、「Bhuta」（ブータ）とは「墓場に出没し、木々に潜み、死体を動かし、人間を欺いてその肉を食らう邪悪なる精霊、幽鬼、悪鬼のことで、『ヴィシュヌ・プラーナ』ではブータは創造神が激怒した時に作り出された恐ろしい存在とある」としている。これが食欲旺盛な「ブタ」の淵源ではなかろうか。

筆者は日本語のルーツをインド・ドラヴィダ語系からだけに求める一元論者ではないつもりだが、少なくとも日本原語の古層にはインド外道に纏わる言語が持ち込まれている（伝播を含む）可能性は充分にあると考えている。

「ブタ」の語一つの例証では単なる偶然と思われても仕方ないだろうが、それでは日常よく使う罵倒語の一つである「馬鹿」は何故「バカ」と呼ばれるのだろうか。通説では中国初の統一帝国・秦の二世皇帝胡亥に対して、丞相の趙高が鹿を献上して馬だといったことに群臣が誰も異を唱えなかった故事に因むものとされる。

が、私見ではこれも『マハーバーラタ・初編』に出てくる「Baka」（バカ）のことなのである。前出の『インド神話伝説辞典』は「エーチャクラーの町の近くに住む強大な力をもった羅刹[1]で、町の住人から一定期間に車いっぱいの米と二頭の水牛と一人の人間を貢ぎ物としてさし出させていた。パーンダヴァの五王子がカウラヴァのドゥリヨーダナ王によって追放されて、その母クンティーとともにエーチャクラーの町に来た時、この話を聞き、五王子のうちのビーマはバカを殺した」としている。

これ以上の例証は控えるが、この国にはインド外道の残滓が今も生きていることに、心を留めていただければと思う。

（註1）羅刹は他の天部同様、仏教化してからは仏法守護の護法善神の一つとされるが、本来は魔羅切り外道のことである。

補記3 「石化」伝承について

「外道」とは自らを犠牲にして共同体の永遠性を図るものの意であり、永遠性の象徴的事物として「石」(後世には「金」)に擬された。

漢訳仏典『婆藪槃豆法師伝』[2]に「外道身既成石」の記載があるのは、その一例である。

日本では平安朝廷を巡る怪異の一つとして「玉藻前の殺生石」がある。もとは『三国伝記』や『十訓抄』、『源平盛衰記』等に記載され、後に謡曲『殺生石』に集大成されたとされる。筋立ては以下のとおり。

鳥羽院(一説では近衛帝)に寵愛され、帝を悩まし、あわよくば王権を傾けんとした玉藻前の前身は、唐土では殷の紂王の后「妲己」(あるいは周の幽王の后「褒似」)として国を傾け、天竺では斑足太子の「塚の神」(あるいは「華陽夫人」)として悪業を尽くした金毛九尾の狐の化身であった。本朝では陰陽師・安部泰成に正体を見破られて下野国那須野に逃げた。三浦之介と上総介によって射殺された後も「殺生石」となって飛ぶ鳥を落とすと怖れられた。しかし玄翁和尚(曹洞宗)によって調伏され、殺生石も砕かれた、と。

この那須野の殺生石に纏わる由縁の地として、現・栃木県那須町に喰初寺《くいそめ》があり、白面金毛九尾稲荷尊が祀られている。「喰初仏《くひぞめ》」を本尊とする同寺には日蓮に因む伝承があり、境内には日蓮が割ったと伝える「数珠割り石」という巨石がある。

また江戸時代の『奈良都八重桜』の氷室神社の項には「劫毘羅といひし外道(中略)衆

論・証論といふ両大石となる」の記述がみられる。

これらは外道を仏教が調伏することを基調としており、「断石説話」というくくりで表すことができる。

このほかに女人（巫女、尼、姥など）が霊山の結界を破って入山したことで「石」となる伝承が各地にあり、柳田國男が「老女化石譚」として拾っている。

①若狭国小浜の「止宇呂の尼」が立山に登り、女人結界を押し超えたため、額に角が生え、石となった。（『和漢三才図会』）

②加賀の白山では、「融の婆」が女人結界を破ったため、同伴の美女がまず石となり、姥自身も石となる。（出展不明。『郷土研究』第四巻第六号）

③佐渡の金北山では、一人の巫女が登山すると忽ち風雨雷電が起こり、巫女は女の髪の形をした大岩となり、巫女岩と呼ばれた。（『佐渡みやげ』）

④出羽の月山では、結界を破った巫女が石となり、「ミコ石」と呼ばれた。（『三山小誌』）

⑤羽後の保呂羽山では、守子が女人禁制を犯して登山すると石となり、「守子石」と呼ばれた。（『雪乃出羽路』）

⑥日光山にある中禅寺の不動坂では、牛に乗った巫女が登山すると牛も巫女も石となった。（『諸国里人談』）

⑦武蔵秩父の両神山では、女人禁制を破った巫女が石となった。「一位墓」と呼ばれる。

(『新編武蔵風土記稿』)

これらは外道巫女が「女人禁制*」に逆らった罰として「石化」したことを示す、仏教的文脈、コンテキストに従った伝承例である。

*「女人禁制」については、近刊『不実考』に収載の「象神考」の「4　吉野・蔵王・安閑」を参照されたい。

(註2) 婆藪槃豆は梵語 Vasubandhu（ヴァスバンドゥ）の音写で、漢訳では世親。四〜五世紀頃の人で、現在のパキスタン・ペシャワール出身。当初は小乗仏教により『倶舎論』を著したが、後に兄の無着とともに大乗仏教に転じ、唯識思想を大成させ、法相宗の基を築いた。

補記4 「歯神」について

ここで第一章「蜻蛉考」で触れた宝器としての「玉」、玉飾り《ネックレス》について再度、触れておきたい。筆者はこれを清少納言が『枕草子』で説話として取り上げた「蟻通明神」の伝承と信仰上、通底するとみなしている。

話は、内部が複雑に曲がった小さな玉に糸を通してみよ、という難題を唐土の帝から振られた老人が、玉の穴の片側に蜜を塗っておいて、糸を付けた蟻を蜜とは反対側の穴からに放して貫通させた、という知恵を讃えたものである。

これには「玉を抜く」という外道信仰上の行為が含意されていると筆者は考える。蟻には「歯神」であることが暗喩されている。ピンとこない方には「白アリ」を思い浮かべてもらえば充分であろう。

因みに『日本霊異記』下巻・第二十八「弥勒の丈六の仏像の、其の頸を蟻に噛まれて、奇異しき表を示しし縁」には、蟻が仏の首（リンガのメタファー）を齧って落とす場面があるが、これも蟻が歯神であることを示すものである。

さらに『神道集』の蟻通明神の項で「伊勢神宮の地がかつての第六天魔王の所領から天照大神に譲渡されたもの」と伝えるのも、蟻が外道神格（「歯神」）であることの古い記憶の残滓であろう。

また所謂「Vagina Dentata」（陰歯、あるいは「嫁の歯」）が世界各地の民話で伝えられていることも、「歯神」のメタファーが広く分布している証しであろう。日本においても『能登名跡志』にある親王亀塚の伝承や『琉球由来記』における鬼餅の伝承など、枚挙に暇がない。

なお「Vagina Dentata」が何故、未開人の男に怖れられたかであるが、女の下の口からは月経血が流れていることを知った男が、うっかりそこに男根を挿入すれば自分が抜箭されることを連想したからである。

補記5 「抜箭」伝承について

ここで「抜箭」について述べておく。一般的には「宮刑」や「宦官」あるいは「カストラータ」等がイメージされようが、筆者にはむしろ「ヒジュラ」にその古代性の残滓が伺われる。

日本では通俗的には阿部定事件を思い浮かべる御仁が多いかもしれないが、平安時代の『宇治拾遺物語』巻第一の六「中納言師時、法師ノ玉茎検知ノ事」や、同巻第九の一「瀧口道則習術事」、並びに『今昔物語』巻第二十の第十「陽成院の御代に、瀧口金の使に行きて外術を習ひたる語」などに「リンガを隠した法師」や「マラを失う幻術」として「抜箭」の観念は生きていた。また江戸時代には「錦袋円」の了翁道覚、湯殿山ミイラの鉄門海などの実践者がいた。さらに明治三十六年、高知県の真言宗僧侶・船岡芳信大僧都が自らの睾丸を切除した事件は、本質的には外道信仰の精神から発露したものであったと解釈できよう。

本来、「抜箭」とは仏教以前の外道信仰に関わった思潮であり、ゴータマ・シッダールタの言葉としては、「苦悩の矢を抜き去られた修行者は、この世とかの世とをともに捨て去る。—蛇が脱皮して旧い皮を捨て去るようなものである」（『スッタニパータ』）に、その残映が表現されている。

なお「抜箭」あるいは「歯神」はインド外道に限ったことではなく、洋の東西を問わず多くの古代神話や民話等に痕跡をとどめている。例えば小アジアのキュベレ女神やギリシアのエレウシウス密儀等の古代秘教祭儀があり、ゲルマンの女神・フライアはファルスを手に持った姿で描かれている。

そして何よりも『新約聖書』「マタイ伝・第十九章」（日本聖書協会訳、一九八五年版）に記された次のイエスの言葉に明瞭に見て取ることができる。

その言葉を受け入れることができるのはすべての人でなく、ただそれを授けられている人だけである。というのは母の胎内から独身者に生まれているものがあり、また他から独身者にされたものもあり、また天国のためにみずから進んで独身者になったものもある。この言葉を受けられる者は受け入れるがよい。

＊徳永・註　「非婚」のこと。

もっとも「独身者」という日本聖書協会の訳語はオブラートに包んだ万人向けの（当たり障りのない）言葉に置き換えられていて、何のことかよく分からない。

阿部謹也は一番目の「独身者」について「生まれながらの閹人（生殖器のない人）」、二番目の「独身者」について「後から強制的に去勢された人間」と表現する。が、三番目の「独身者」については「天国に行きたいがために一切性的関係を持たない人間」というような、仏教の「清僧」と同じような解釈をしている。しかし私見では「みずから進んで独身者になったもの」こそが、古くには抜箭を実践した外道を指していた。

このイエスの言葉を受けて二世紀頃の初期キリスト教徒は、最後の審判の時に天国に行けるよう純潔を志向し、テルトゥリアヌス（１６０年頃〜２２２年）のように性交を放棄する観念が起こる。さらにエンクラティス派の人々は性交を止めるだけでなくワインや肉も断つ。その流れの中で古代ローマではオリゲネス（１８５年頃〜２５４年頃）は二十歳の時に、医者から去勢手術を受けたとされる（阿部謹也『西洋中世の男と女』参照）。下って十八世紀にはロシア・スコプティ派の実践がある。

なお仏典には「五種不男《ごしゅふなん》」として、「扇搋《せんた》」「留拏《るな》」「伊利沙掌拏《いりしゃしょうな》」「半擇迦《はんちゃか》」「博叉《はくしゃ》」が記されている。

あとがき

本書の校正刷りを前にして様々な想いが過るが、今は紛れもなく私の意思において読者の手に委ねられようとしていることを自らの内において噛みしめるばかりである。

ここでは私的な事柄についてのみ若干を記しておきたい。

本書は、師説を乗り越えることこそが師への真の供養であるとの想いから発したものであるが、果たして冥府で、竹内師は如何ように受け取られているだろうか。

私がサラリーマン生活に忙殺されている中、竹内師の授業への参加を熱心に勧めてくださったのが松田昌子さんと真喜志きさ子さんだった。お二人の慫慂がなければ今日の私も本書もなかったことを想えば、感謝の気持で一杯だ。

交友関係の限られた私が今日在るについては、ご交誼をいただいたすべての方々に感謝する。文中、先学に対していささか不遜な言辞を連ねているところがあるが、本書が成り立ったのもそれらの業績があってのことであって、寛恕願いたい。

本書の産婆役を担ってもらった室伏志畔氏からは、私の身勝手な想い入れに対し理解と折々の励ましの言葉をかけてもらった。改めて深謝の意を表したい。

友人の高橋繁行氏からは魂魄の籠った切り絵で口絵を飾ってもらった。ありがとう。

出版を決断してもらった不知火書房の米本慎一代表からは随所で、的確な助言等を頂戴した。高根英博氏には装丁・扉絵で手を煩わせた。記して謝意を表したい。

平成三十年六月

伽藍堂の小宅にて　雨山人　記す

◎不実考——続 外道まんだら／目次

徳永裕二（とくなが　ゆうじ）
1949年1月、大阪府生まれ。
2017年1月から『個人通信　外道曼荼羅』を「伽藍堂雨山人」名で発行。大阪府在住。

外道まんだら——忘れられた聖と賤の原像を求めて

2018年7月20日　初版第1刷発行 ©

定価はカバーに表示してあります

著　者　徳永裕二
発行者　米本慎一
発行所　不知火書房

〒810-0024　福岡市中央区桜坂3-12-78
電　話 092-781-6962
ＦＡＸ 092-791-7161
郵便振替　01770-4-51797
制作　渡辺浩正
印刷・製本　モリモト印刷

落丁本・乱丁本はお取替えいたします　Printed in Japan

ISBN978-4-88345-121-0 C0021